DOM ANGÉLICO

UM ABRAÇO DE QUEBRAR OS OSSOS

DOM ANGÉLICO

CAMILO VANNUCHI

UM ABRAÇO DE QUEBRAR OS OSSOS

instituto vladimir herzog editora

autêntica

As fotografias e os documentos aqui reproduzidos foram cedidos ou liberados por Dom Angélico, Irmã Carmem Julieta, Waldir Aparecido Augusti, Sonia Maria Bernardino, Douglas Mansur, Vera Jursys, e também obtidos junto ao acervo do Dops, no Arquivo do Estado de São Paulo, ao acervo do CEMI, na Paróquia São Francisco de Assis, de Ermelino Matarazzo, e à Fundação Perseu Abramo.

EDITORAS RESPONSÁVEIS
Rejane Dias
Cecília Martins

REVISÃO
Cecília Castro

CAPA
Diogo Droschi

FOTO DE CAPA
Fernando Cavalcanti

DIAGRAMAÇÃO
Waldênia Alvarenga

Dados Internacionais de Catalogação na Publicação (CIP)
Câmara Brasileira do Livro, SP, Brasil

Vannuchi, Camilo
Dom Angélico : um abraço de quebrar os ossos / Camilo Vannuchi. -- 1. ed. -- Belo Horizonte : Autêntica Editora, 2025.

ISBN 978-65-5928-627-0

1. Bernardino, Angélico Sândalo, 1933-2025 2. Bispos - Brasil - Biografia 3. Humanistas I. Título.

25-303986.0 CDD-282.092

Índices para catálogo sistemático:
1. Bispos : Igreja Católica : Vida e obra 282.092
Eliete Marques da Silva - Bibliotecária - CRB-8/9380

GRUPO **AUTÊNTICA**

Belo Horizonte
Rua Carlos Turner, 420
Silveira . 31140-520
Belo Horizonte . MG
Tel.: (55 31) 3465 4500

São Paulo
Av. Paulista, 2.073 . Conjunto Nacional
Horsa I . Salas 404-406 . Bela Vista
01311-940 . São Paulo . SP
Tel.: (55 11) 3034 4468

www.grupoautentica.com.br
SAC: atendimentoleitor@grupoautentica.com.br

Política é igual feijão, só cozinha na panela de pressão.

Dom Angélico Sândalo Bernardino

Prefácio

Ainda sou capaz de sentir a tristeza profunda que me tomou quando recebi a notícia do falecimento do meu amigo do peito, Dom Angélico Sândalo Bernardino. Mas, desde então, aos poucos, percebi que sua partida não significa ausência, ao contrário, torna-se presença ainda mais intensa, memória viva que ilumina e inspira. Nesta biografia, Camilo Vannuchi comprova isso. As páginas a seguir jogam luz sobre um homem que, para mim e muitos outros, não foi apenas o bispo e líder religioso, mas o amigo fraterno, o irmão de caminhada, o pastor que dedicou toda sua vida a viver o Evangelho na forma mais radical e coerente possível, colocando-se ao lado dos pobres, dos trabalhadores e dos excluídos.

Desde jovem, Dom Angélico encarnou as palavras de Jesus: "O Espírito do Senhor está sobre mim, porque me ungiu para anunciar a Boa Nova aos pobres; enviou-me para proclamar a libertação aos cativos e a recuperação da vista aos cegos, para pôr em liberdade os oprimidos" (Lc 4:18). Esta passagem bíblica, que marca o início da missão pública de Cristo, poderia muito bem ser tomada como um retrato fiel da vida de Dom Angélico.

Ainda como padre em Ribeirão Preto, ele não se intimidou diante da ditadura militar. Protegeu a Irmã Maurina, religiosa injustamente presa e torturada, e assumiu posição firme contra a opressão. Também se destacou no campo da comunicação, como editor do jornal *Diário de Notícias*, em Ribeirão Preto, período em que foi colega de meu avô, José D'Aparecida Teixeira. Desde cedo aprendi, por meio da voz dos meus avós, sobre a coragem e a opção pelos pobres de Dom Angélico.

Nos anos de chumbo, tive a graça de conviver com ele. Em 1979, quando fui estudar em São Paulo, meu amigo Benedito Antônio Prezia me convidou para morar em São Miguel Paulista e participar das Comunidades Eclesiais de Base. O bispo daquela região era Dom Angélico. Sob sua orientação, experimentamos uma Igreja viva, encarnada no sofrimento e na esperança do povo. As ruas eram de terra, faltava saneamento, creches, postos de saúde, transporte público. E foi ali, inspirados por sua liderança, que surgiram movimentos de base que mudaram a vida nacional: os mutirões de moradia, o movimento de creches, a Pastoral da Criança, a Pastoral Operária e a Pastoral da Juventude.

Dom Angélico não era apenas bispo, era profeta. Certo dia, após a morte de mais de vinte pessoas num acidente ferroviário na Zona Leste, deitou-se sobre a linha do trem em protesto, até que fossem instaladas cancelas para proteger a população. Sua ação lembrava a radicalidade evangélica: "Ninguém tem maior amor do que aquele que dá a vida por seus amigos" (Jo 15:13).

Essa Igreja progressista de São Paulo, liderada por Dom Paulo Evaristo Arns e sustentada pela coragem de Dom Angélico, formou toda uma geração de militantes políticos e sociais. A fé se fazia política, sem jamais perder a raiz evangélica. Não por acaso, atuaram em torno de Dom Angélico figuras como Paulo Freire, Frei Betto,

Paulo Vannuchi, padre Ticão, Frei Gilberto Gorgulho, Ana Flora Anderson e Renata Villas Boas. Foi nesse ambiente, permeado pela Teologia da Libertação, que me formei e aprendi que crer em Jesus Cristo significa lutar por justiça.

Nossa amizade foi intensa e constante. Muitas vezes, com Alice e os filhos, íamos visitá-lo. Ele se dizia "avô das crianças". Sua palavra, sempre firme e ao mesmo tempo doce, nos dava força em momentos difíceis. Na ocasião da morte do Pedro, meu filho, fez uma homilia inesquecível a partir de um bilhete guardado havia vinte anos.

Dom Angélico foi também um bispo profundamente ligado à história política e social do Brasil contemporâneo. Ao lado de Dom Paulo, celebrou a missa de sétimo dia de Alexandre Vannucchi Leme (não por acaso, primo em segundo grau do autor deste livro), participou do culto ecumênico de Vladimir Herzog e das missas de corpo presente de Manoel Fiel Filho e Santo Dias – todos mártires da luta contra a ditadura. Já em tempos recentes, esteve em momentos centrais da vida do presidente Lula: celebrou a missa de corpo presente de Dona Marisa Letícia, presidiu o ato de despedida de Lula antes de sua prisão injusta em Curitiba e, mais tarde, teve a alegria de celebrar o casamento do presidente com Janja.

Sua relação com Lula simboliza sua compreensão profunda de que fé e política não são esferas separadas, mas dimensões integradas da vida cristã. Como ensina São Tiago: "A fé, se não tiver obras, está morta" (Tg 2:17). Para Dom Angélico, rezar e lutar eram dois verbos inseparáveis. Ele mesmo dizia: "Você rezou? Quem não reza vira bicho, quem não luta vira bicho-preguiça". Sua mensagem era clara: a oração fortalece a luta e a luta dá sentido à oração.

Por isso, não é exagero chamá-lo de "Bispo da Esperança, da Comunicação e da Luta". Sua vida é testemunho vivo da opção preferencial pelos pobres, como sempre recordava o Papa Francisco, mas que Dom Angélico já praticava muito antes de ser uma orientação ministerial.

Seu legado é imenso. Foi uma luz presente, uma voz firme pela democracia, um construtor de caminhos de justiça e paz. Ele nos ensinou que a fé cristã não se limita ao templo, mas deve transformar a sociedade.

Por tudo isso, essa biografia se torna essencial, principalmente em tempos como os que vivemos hoje. Se, a mim e a outros que o conheceram de perto, essa leitura nos toca de maneira especial por contar histórias que vivemos e vimos de perto, para quem não o conheceu e para as próximas gerações ela se torna fonte de inspiração – através do exemplo de que fé e coragem, juntas, são instrumentos poderosos, capazes de contrapor a arbitrariedade e a injustiça.

Dom Angélico sempre presente!

Paulo Teixeira
Ministro do Desenvolvimento
Agrário e Agricultura Familiar

1

Fome e sede de justiça

Pouco mais de 5 mil pessoas cercavam a sede do Sindicato dos Metalúrgicos do ABC, em São Bernardo do Campo (SP), na manhã de 7 de abril de 2018, um sábado. Naquele prédio de cinco andares, estava um ex-presidente da República aquartelado.

Duas noites haviam se passado desde que um juiz decretara a prisão de Luiz Inácio Lula da Silva e o orientara a se entregar à Polícia Federal. Condenado por corrupção passiva e lavagem de dinheiro, desfecho trágico de uma trama que começaria a ser desnudada apenas um ano depois, após a divulgação das primeiras mensagens de texto trocadas entre o juiz e os promotores do Ministério Público Federal, Lula preferiu acampar no sindicato. Pediu a assessores que providenciassem uma mala de roupas e um colchonete para que pudesse passar a noite ali. Em um ou dois dias, no máximo, ele decidiria o que fazer.

O clima era de tensão desde a noite de quinta-feira. Dirigentes e parlamentares do Partido dos Trabalhadores (PT) convocavam a militância lulista para ir ao sindicato. O plano era cercar o prédio até afastar o risco de confronto com a polícia. Tudo o que os apoiadores não poderiam aceitar era ver Lula algemado numa viatura. Se o sindicato estivesse lotado de trabalhadores, artistas e intelectuais, a polícia seria capaz de mobilizar a tropa de choque? Mandaria invadir o prédio? Empregaria bombas de efeito moral e balas de borracha, assumindo o risco de uma carnificina?

Houve quem imaginasse arrastar 50 mil pessoas para o sindicato na primeira noite. Não chegaram nem 2 mil. "A gente faz a guerra com os soldados que tem", Lula segredou ao amigo e ex-ministro Gilberto Carvalho ao observar a tropa através da janela.

As reuniões avançaram pela madrugada. Os mais otimistas diziam que Lula deveria ficar onde estava. Se entregar, segundo eles, era uma forma de admissão de culpa – pelo menos era assim que o gesto seria interpretado por muitos. Houve quem lhe sugerisse fugir, pedir asilo a alguma embaixada. Bastariam dois ou três telefonemas.

Os mais serenos, por sua vez, observaram a correlação de forças, a escalada de ódio e desinformação, a cumplicidade entre a força-tarefa da Lava Jato e os meios de comunicação de massa, e recomendaram cautela. Tudo bem, ele resiste esta noite, talvez a próxima, mas e depois? A ordem de prisão vai evaporar? Vamos deixar a polícia invadir o prédio e pôr todo mundo em risco?

Para piorar, juristas explicavam que o desacato poderia bastar para que Lula fosse considerado foragido, motivando uma prisão preventiva e minando a possibilidade de habeas corpus.

Lula dormiu por cerca de três horas na primeira noite. Na sexta-feira, retomou a maratona de reuniões. Atendia uma deputada, abraçava um filho, dava bronca num assessor. No fim da tarde, desenhou-se a estratégia. O ex-presidente se entregaria à polícia, mas não no prazo de vinte e quatro horas estabelecido pelo juiz. Talvez o fizesse no sábado, quiçá no domingo. O fundamental era transformar aquela prisão num ato político, que permitisse a Lula sair de cabeça erguida, denunciando a arbitrariedade daquela prisão e exibindo o amplo apoio que vinha recebendo de diversos setores.

– Gente, amanhã seria o aniversário da Dona Marisa – lembrou Cláudia Troiano, secretária de Lula, referindo-se à ex-primeira-dama, falecida no ano anterior.

Se um acidente vascular cerebral não tivesse abreviado sua vida, aos 66 anos, em fevereiro de 2017, Marisa Letícia Lula da Silva completaria 68 anos naquele 7 de abril. Admirada por um número crescente de militantes do partido, sobretudo por aqueles que testemunharam sua dedicação à inscrição dos primeiros filiados, ainda em 1979, e seu engajamento nas campanhas eleitorais desde 1982, Marisa merecia uma homenagem.

Pronto, estava esboçado o roteiro da prisão. Haveria uma missa em memória de Dona Marisa na manhã seguinte, ali mesmo, num palco improvisado em frente ao sindicato. Lula aproveitaria a ocasião para fazer seu último discurso. A TVT, emissora mantida pelo Sindicato dos Metalúrgicos em parceria com o Sindicato dos Bancários do Estado de São Paulo, transmitiria ao vivo e franquearia o sinal para os demais canais.

– Quem liga pro Dom Angélico?

Nos bastidores do bunker lulista e entre os jornalistas que se revezavam no local, ninguém tinha dúvida de que a missa, se houvesse, seria celebrada por Dom Angélico.

Bispo emérito de Blumenau (SC), Dom Angélico Sândalo Bernardino conhecia Lula desde o final dos anos 1970, quando coordenava a Pastoral Operária da Arquidiocese de São Paulo e era bispo-auxiliar na região episcopal de São Miguel Paulista, extremo-leste da capital.

Em São Miguel, um distrito popular e periférico de povoamento majoritariamente nordestino, residiam muitos metalúrgicos que trabalhavam em fábricas do ABC, como a Villares, a Ford e a Scania. Dom Angélico, solidário às reivindicações dos trabalhadores, conhecedor da luta de classes e crítico da ditadura militar, não demorou para estabelecer relações de amizade e confiança com o líder sindical que incendiou o ABC e chacoalhou o Brasil à frente das grandes greves de 1979 e 1980.

Foi o início de uma amizade para a vida toda. Dom Angélico casou alguns de seus filhos e batizou seus netos. Quando os médicos comunicaram ao ex-presidente a iminência da morte cerebral de Dona Marisa, Dom Angélico correu para o Hospital Sírio Libanês a fim de administrar a unção dos enfermos. Dois dias depois, esteve naquele mesmo sindicato para conduzir o velório e, em seguida, o rito da cremação. Passado um ano, Dom Angélico voltou ao sindicato para celebrar missa em intenção de Dona Marisa. Desta vez, não seria diferente:

– Diga ao meu irmão que estarei lá –, Dom Angélico respondeu para Cláudia Troiano. – Contem comigo.

No sábado, Dom Angélico chegou ao sindicato pouco antes das 10h. Reuniu-se com o ex-presidente a portas fechadas e foi econômico nas palavras:

– Meu irmão, precisamos muito, muito de você. O povo pobre precisa de você. Nada de aventuras, de greve de fome. Se cuida muito. Você vai passar por tudo isso e voltar mais forte, e devolver a alegria para o povo sofrido que você tanto ama.

Prevista inicialmente para o auditório do terceiro andar, a celebração foi transferida para a área externa a fim de contemplar a multidão. Rigorosamente, não seria uma missa, uma vez que foi realizada fora do espaço da igreja, sobre um caminhão de som, mas o que Dom Angélico chamou de celebração da palavra. E não somente uma celebração da palavra católica, mas um ato inter-religioso, com a presença de lideranças de igrejas evangélicas e judaicas, do candomblé e da umbanda.

Os relógios marcavam 11h quando Dom Angélico, todo de branco, pegou o microfone. A seu lado, figuras de proa da política nacional: a ex-presidente Dilma Rousseff, os ex-ministros Gilberto Carvalho, Celso Amorim, Fernando Haddad e Aloizio Mercadante, parlamentares como Manuela d'Ávila, Orlando Silva, Ivan Valente, Eduardo Suplicy, Gleisi Hoffmann, Paulo Pimenta, Luiz Marinho, Emídio de Souza e Lindbergh Farias, ativistas como Guilherme Boulos, do MTST, João Pedro Stédile, do MST, e Vagner Freitas, da CUT, o escritor Fernando Morais, o governador do Piauí, Wellington Dias, artistas como Osmar Prado, Ailton Graça e Tulipa Ruiz, entre outras.

Convertido em mestre de cerimônia, o bispo emérito de Blumenau declamou de memória o Sermão da Montanha, seu texto bíblico preferido:

– Bem-aventurados os perseguidos por causa da Justiça, deles é o reino (de Deus). Bem-aventurados sereis quando, mentindo, disserem falsamente todo o mal contra vós...

Terminada a leitura, Dom Angélico falou de improviso. Convocou a audiência a voltar os olhos para os mais pobres. Fez um desagravo a padre Júlio Lancellotti, vigário do povo da rua em São Paulo, invariavelmente ameaçado pelos extremistas de direita, e criticou a parcialidade dos meios de comunicação.

– A grande imprensa está a serviço do poder econômico, essa que é a verdade – discursou.

A celebração continuou com mais uma leitura do Evangelho, um samba do Zeca Pagodinho, a fala de uma pastora, um Pai Nosso recitado em uníssono. Por fim, Dom Angélico retomou sua homilia.

– Lula, todos nós aqui presentes desejamos de coração que você realmente esteja em liberdade – disse, enlaçando o amigo com o braço e pousando a mão direita sobre seu ombro. – Todos nós aqui presentes temos a convicção de que o que aconteceu no Brasil foi um golpe. Só que o golpe foi 50% quando a presidenta Dilma foi afastada do cargo, e outros 50% quando impedem você de ser candidato.

A multidão respondia aos gritos: "Lula livre! Lula livre! Lula livre!". Antes de encerrar, Dom Angélico deu a senha do que viria a seguir.

– Lula, se você se entregar, saiba que todos nós...

O povo não o deixou terminar: "Não se entrega! Não se entrega!".

– Nenhuma prisão prende o coração, a mente e os ideais de um cidadão – o bispo emendou. – Continue a entregar a sua vida à causa da paz, que é fruto de solidariedade, de amor, de verdade, misericórdia e justiça. Que Jesus o proteja e seja a sua força, meu irmão e companheiro.

Naquela tarde, após discursar por cinquenta minutos e deixar o palco nos braços do povo, Lula se apresentou na Superintendência Regional da Polícia Federal, em São Paulo, e foi conduzido de avião até a Superintendência da Polícia Federal do Paraná, em Curitiba. Aquela seria sua prisão por 580 dias, até ser solto, em 8 de novembro de 2019, beneficiado por uma decisão do Supremo Tribunal

Federal, que estabeleceu a necessidade de condenação tramitada em julgado para o cumprimento de penas de restrição de liberdade, salvo em caso de prisão cautelar ou em flagrante. Em 2021, a condenação de Lula seria anulada depois que o STF considerou o juiz parcial na condução do caso.

Dom Angélico, por sua vez, seria igualmente perseguido naqueles dias de ódio e exaltação. Comunista, vagabundo e amigo de bandido foram algumas das expressões associadas a ele após a celebração.

Dom Odilo Scherer, cardeal de São Paulo, divulgou uma nota no dia seguinte:

Sobre o ato religioso realizado ontem na frente do Sindicato dos Metalúrgicos do ABC, a assessoria de imprensa da Arquidiocese de São Paulo esclarece que:

1. *Não se tratou de missa, mas de um ato ecumênico;*
2. *Foi iniciativa pessoal de quem promoveu o ato;*
3. *Não houve participação da CNBB nem da Arquidiocese de São Paulo;*
4. *O ato aconteceu fora da jurisdição e responsabilidade do arcebispo e da Arquidiocese de São Paulo.*

O arcebispo de São Paulo lamenta a instrumentalização política do ato religioso.

Católicos progressistas protestaram. Juristas apontaram censura e intimidação.

Nos dias que se seguiram, o bispo guardou a nota da Arquidiocese numa pasta. Também guardou algumas reportagens publicadas naqueles dias. "Bispo diz que houve golpe e pede para Lula cuidar da saúde", era o título de uma delas, reproduzida do site da revista *Veja*. "'O Brasil deve muito a esse metalúrgico', diz Dom Angélico", dizia a chamada da Rede Brasil Atual.

Em 2021, quando me recebeu em sua casa para uma maratona de entrevistas que se estendeu por pelo menos seis encontros, Dom Angélico tinha 88 anos e vestia máscara cirúrgica. Na tarde em que abriu o fichário e me revelou esse pequeno conjunto de memórias impressas, de um tempo marcado por arbitrariedades, discursos de ódio e desinformação, quando era chocado o ovo da serpente que logo viria a eclodir, Dom Angélico se deteve por alguns instantes sobre aqueles papéis, esboçou um sorriso contido e proferiu em voz alta o mais belo versículo do Sermão da Montanha:

– Bem-aventurados os que têm fome e sede de Justiça, porque serão saciados.

2

Servo inútil

– Um minuto, já vou abrir! – Uma voz feminina ressoa no porteiro eletrônico. Ouve-se o estalido da fechadura elétrica e uma fresta se abre no portão de alumínio. – Pode subir. O Dom já vai atender.

Catorze degraus acima da estreita calçada, um senhor baixo e magro, de cabelos brancos, termina de ajustar uma máscara cirúrgica sobre a boca e o nariz.

– Bem-vindo, meu irmão!

Sua voz é efusiva, hospitaleira. O olhar revela entusiasmo. Dom Angélico veste uma camiseta branca, puída, estampada com o retrato de Dom Óscar Romero. Arcebispo salvadorenho, militante dos direitos humanos e entusiasta da não violência, Romero tinha 62 anos quando foi assassinado por um atirador de elite do Exército enquanto celebrava missa, em 1980. Canonizado pelo Papa Francisco em 2018, tornou-se o primeiro santo da América Central.

Os gestos de Dom Angélico demonstram preocupação com o protocolo sanitário em tempos de covid-19. As mãos indicam uma cadeira. Há quatro delas ao redor de uma mesa redonda no primeiro cômodo da casa, uma mistura de varanda com área de serviço. Ali, é possível observar o distanciamento de um metro e meio. Num dos cantos, há um pequeno tanque e uma máquina de lavar.

Próximo ao peitoril, roupas no varal e um toldo-cortina. Não houvesse a barreira de plástico, seria possível enxergar, do outro lado da rua, uma quadra de futebol, uma creche da Prefeitura e o ponto inicial da linha de ônibus 971A Jardim Primavera-Shopping D.

– Uma barulheira – Dom Angélico suspira, obrigado a aumentar a voz sempre que um coletivo manobra ou aguarda com o motor ligado. O futebol incomoda menos. – É a diversão da garotada, com tão poucas opções de lazer. Você sabe que eu fui goleiro?

Conversar com Dom Angélico em meados de 2021 é alternar análise de conjuntura política com reminiscências do passado. Um olho na Igreja; outro nas reivindicações do povo. As peladas que disputou na infância, em Saltinho, então distrito de Piracicaba (SP), onde nasceu, ou no seminário maior, em Viamão (RS), estão entre as lembranças que fazem brotar sorrisos no rosto do bispo – e, por vezes, umedecer os olhos.

– Eu era um gato no gol – afirma, referindo-se não à aparência, mas à destreza em saltar e agarrar a bola.

Sua posição, em campo ou fora dele, sempre foi a defesa. Defesa dos vulneráveis, dos trabalhadores, dos movimentos sociais, da opção preferencial pelos pobres, da liberdade de expressão. Conhecido por sua atuação como bispo-auxiliar de Dom Paulo Evaristo Arns – o mais subversivo deles, lotado na região episcopal de São Miguel Paulista, no fundão da Zona Leste, entre 1975 e 1989, e na Vila Brasilândia, na Zona Norte, de 1989 a 2000 –, Dom Angélico também se saiu bem no ataque e no meio de campo, em todos os campeonatos que disputou: como padre em Ribeirão Preto (SP), coordenador da pastoral do mundo do trabalho em São Paulo, diretor de diversos jornais, entre eles *O São Paulo*, da Arquidiocese de Dom Paulo, e, finalmente, bispo diocesano em Blumenau (SC), sem jamais abdicar da coragem, da fala incisiva, do afeto incondicional e do compromisso inadiável com a evangelização.

Aos 88 anos em 2021, quando escrevo este capítulo e inauguro este livro, Dom Angélico divide residência com a Irmã Carmem Julieta Rodrigues, a dona da voz no porteiro eletrônico. Religiosa da Congregação das Discípulas de Jesus Eucarístico, Irmã Carmem é sua fiel escudeira desde os anos 1970, quando exerceu trabalho missionário no Jardim das Oliveiras, na região episcopal de São Miguel Paulista. Da Zona Leste, Irmã Carmem se transferiu para a Zona Norte junto com Dom Angélico, que a convidou para organizar a pastoral da criança na região episcopal da Vila Brasilândia. Em seguida, nomeado primeiro bispo diocesano de Blumenau, em Santa Catarina, em 2000, Dom Angélico arrastou um padre, quatro seminaristas e três irmãs junto com ele – entre elas a Irmã Carmem Julieta, promovida a secretária da Cúria e secretária particular do bispo.

O sobrado onde moram fica a 100 metros da Avenida Inajar de Souza, uma das mais movimentadas da Zona Norte, no Jardim Primavera, entre os distritos de Freguesia do Ó e Casa Verde. Geograficamente, está sob a circunscrição da paróquia de Santa Luzia, na região episcopal da Vila Brasilândia. Dom Angélico vive naquela casa desde que voltou de Blumenau, onde serviu por quase uma década, de 2000 a 2009. Ao completar 75 anos, em 2008, Dom Angélico cumpriu à risca o que estabelece o Código de Direito Canônico: colocou o cargo à disposição. Foi Irmã Carmem quem levou ao Correio a carta com o pedido de renúncia, endereçada ao Vaticano, assim que ele fez aniversário. Seu substituto, Dom José Negri, foi anunciado um ano e pouco depois. Chegou num dia e Dom Angélico partiu no dia seguinte. "Para não interferir", segundo ele. Dom Angélico voltou para São Paulo com o adjetivo emérito adicionado ao nome.

Coisa esquisita é bispo emérito. Em latim, significa "bispo merecedor", como um reconhecimento, um título honorífico. Na prática, é o mesmo que "aposentado": todo bispo vira emérito depois de entregar o cargo. O bispo merecedor, no entanto, não merece tudo. Ele perde, por exemplo, o direito a voto no colégio dos bispos, podendo apenas se manifestar oralmente nas conferências e decisões. Alguns se tornam bispos decorativos.

– Virei um servo inútil – resume Dom Angélico, sempre sorridente, no que é prontamente desmentido pela agenda cheia e pelo reconhecido engajamento.

Ao deixar Blumenau, Dom Angélico poderia ter feito como o apóstolo Paulo em carta a Timóteo: completado a carreira e guardado a fé. Mas que nada. Retomou o bom combate no mesmo ponto em que havia parado quando foi transferido, em 2000, da Vila Brasilândia para a "bela e Santa Catarina", como gostava de dizer. Voltou para a Brasilândia, envolveu-se mais uma vez nas lutas do povo e passou a assinar uma coluna no jornal *O São Paulo*, que ele havia dirigido nos anos 1980, cada vez mais empenhado em colocar o dedo na ferida. Afora isso, assumiu integralmente a função de peregrino:

– Agora que não sou mais bispo de Blumenau, vou aonde me chamam – diz.

No primeiro piso, onde estão a sala e a cozinha, quem manda é Irmã Carmem. Aos fundos, uma escada caracol leva ao "apartamento" dele, no andar de cima: um escritório com uma capela, um quarto modesto com uma cama de solteiro, um banheiro. Ali, prateleiras e armários abrigam vasta bibliografia cristã, incluindo encíclicas e bulas papais, com especial carinho por aqueles que tratam da doutrina social da Igreja e da opção preferencial pelos pobres, princípio orientador da ação pastoral de Dom Angélico.

Há, ainda, álbuns de fotos, fichários com recortes de jornais, teses sobre jornalismo popular e democracia participativa, pastas com folhetos e cartazes anunciando celebrações eucarísticas – algumas o homenagearam em efemérides como os 50 anos de sacerdócio e o jubileu de prata da ordenação episcopal – e, relíquia maior, parte da correspondência trocada ao longo dos anos com Dom Paulo Evaristo Arns, seu chefe na Igreja de São Paulo por vinte e cinco anos.

Numa das mesas do escritório, ensanduichadas entre um tampo de madeira e um tampo de vidro, fotografias envelhecidas relembram encontros memoráveis. Nelas, Dom Angélico cumprimenta Desmond Tutu, arcebispo da Igreja Anglicana conhecido por lutar contra o Apartheid na África do Sul, e o Dalai Lama Tenzin Gyatso, líder máximo do budismo tibetano, ambos agraciados com o Prêmio Nobel da Paz nos anos 1980. Há também uma foto com o educador brasileiro Paulo Freire. Nas paredes e nos móveis, outros registros memoráveis. Dom Angélico com Dom Paulo, recebendo um abraço do Papa Francisco, um retrato de seus pais, a certidão de batismo, uma foto de Sebastião Salgado... No alto, bem em frente à entrada do escritório, uma placa com seu lema: "Deus é amor".

Desde o início da pandemia, em março de 2020, praticamente ninguém visita aquele espaço, ora convertido em claustro involuntário. Se dependesse somente dele, Dom Angélico não receberia ninguém, algo inédito para quem dedicou a vida a promover encontros, percorrer vilas, abraçar pessoas. Hoje, a prudência faria dele um eremita – por autocuidado e, sobretudo, para dar o exemplo. Um pastor não se descuida de suas ovelhas.

Como o movimento de fiéis não cessa, tampouco o telefone e a campainha, Dom Angélico abre uma exceção aqui e outra ali e se dispõe a receber uns e outros. Algumas demandas são urgentes, ele sabe. Gente com fome ou ameaçada de despejo, pais desempregados ou enfermos, viúvas e órfãos da pandemia. Um cineasta e um biógrafo. Duplamente vacinado, o bispo impõe limites e orienta para o uso da máscara e do álcool gel, inclusive na praça em frente de casa, nos rápidos passeios matinais que faz, com a ajuda de uma bengala, por recomendação médica. Sem aglomerar com ninguém.

– Quinhentos e tantos mil mortos, mais de mil por dia – ele enumera, como quem desabafa. – Olha, não é brincadeira, meu irmão!

Por causa do vírus, Dom Angélico se desculpa por não oferecer sequer um café.

– Quando as coisas melhorarem, a gente toma um cafezão – sugere, superlativo. – Mas você traz o pó – e abre o sorriso maroto, cultivado em mais de sessenta anos de ação missionária, cinquenta deles nas periferias.

Dom Angélico conta que celebra missa todos os dias em casa. Mas, dadas as circunstâncias, a audiência se limita à Irmã Carmem. A missa das 11h, que ele conduzia aos domingos na Paróquia São Judas Tadeu, na Vila Miriam, também na Zona Norte, foi suspensa em 2020. Pouco à vontade com dispositivos móveis e videoconferências, Dom Angélico preferiu abdicar das missas. Pesou na decisão a expectativa de que o distanciamento durasse pouco, adiando por meses uma alforria que nunca vinha. Já Antônio Leite Barbosa Júnior, o padre Toninho, pároco da São Judas, optou por transmitir a liturgia semanal e, em meados de 2021, quando boa parte da comunidade havia tomado a segunda dose da vacina, voltou a receber fiéis na igreja, agora com a nave salpicada de fitas amarelas a fim de restringir o acesso a parte dos bancos e evitar aglomeração.

Dom Angélico diz que está ansioso para voltar à igreja e retomar os cânticos, as homilias, o ofertório, a eucaristia, após um ano e meio de reclusão.

– Quem não reza vira bicho – alerta, repetindo um bordão que o acompanha desde os anos 1970. – E quem não luta vira bicho-preguiça.

Antes da pandemia, a rotina de Dom Angélico era tão intensa que ninguém ousaria dizer que ele havia entrado na casa dos oitenta. A missa dominical era apenas um de seus muitos compromissos. Toda semana, ia aos estúdios da Rede Vida, no Pacaembu, para gravar os programas *Gotas de Esperança* e *Com Muito Amor*, ambos com mensagens de um a quatro minutos. Os dois saíram do ar em maio de 2020. Pouco antes, em março, Dom Angélico cancelou as viagens que fazia com frequência, apesar da idade avançada, para pregar em encontros e retiros em todo o Brasil. Desde os anos 2000, quando coordenou, por oito anos, o setor de vocações e ministérios da Conferência Nacional dos Bispos do Brasil (CNBB) – uma comissão voltada a atuar em favor dos padres dentro da estrutura da entidade –, os convites não paravam de chegar, para alegria do bispo andarilho. Isso sem contar os convites recorrentes para dar entrevistas, escrever prefácios, celebrar batizados, participar de cultos ecumênicos.

– Fiquei mais ocupado depois de emérito do que na diocese – compara.

Não foi apenas a pandemia que o fez reduzir o ritmo em 2020. O corpo exigiu. Em março daquele ano, Dom Angélico passou por uma cirurgia no coração.

– Ele já tinha feito uma angioplastia em meados da década de 1990 – revela padre Toninho, que foi ordenado por Angélico e o acompanha de perto há trinta anos. – Em 2020, precisou ir de novo para o centro cirúrgico e desobstruir algumas artérias.

O padre conta que Dom Angélico teve um bloqueio, um branco, que o impediu de concluir uma oração. As palavras não vinham. Os dois entraram no carro e foram para o Hospital Santa Catarina, na Avenida Paulista. Um neurologista o examinou, chegou a diagnosticar um espasmo, que logo se desfez. O ecocardiograma dissipou as dúvidas. Segundo padre Toninho, havia artérias com 50%, 60% e até 70% de obstrução. Dom Angélico foi submetido a um cateterismo e ganhou cinco stents – pequeníssimos tubos flexíveis introduzidos no interior das artérias a fim de ampliar o diâmetro desses canais e facilitar o fluxo sanguíneo.

Meses depois, Dom Angélico diagnosticou uma sinusite que nunca mais o largou. Segundo o bispo, a garganta arde, o nariz dói e a sensação de falta de ar sobe pelas faces até as têmporas. O nervo ciático também deu de atacar. Ele diz que pega na lombar e desce pelo bumbum até a parte de trás das pernas.

– Estou com dores passageiras: passam de um lado para o outro – brinca, atribuindo a frase a um amigo de Ribeirão Preto, com quem ainda conversa, com frequência, por telefone. – Perto de outros sofrimentos, não é nada.

Tudo isso contribuiu para reduzir aos poucos a mobilidade de Dom Angélico, mas foi o coronavírus que conseguiu o improvável: prender o andarilho em casa. Se antes ele e Irmã Carmem saíam todos os dias para almoçar num restaurante por quilo da vizinhança, agora as quentinhas chegam diariamente da padaria mais próxima. Sair, só por motivo de saúde.

Desde 2009, Dom Angélico enfrenta uma queda de braço que o tira do sério com relativa frequência: a visão dá sinais de desgaste. Os primeiros sintomas apareceram em seu último ano em Blumenau. Chegou a fazer uma cirurgia de catarata em Curitiba, e o problema persistiu. Já em São Paulo, visitou diversos médicos, sempre na companhia do padre Toninho, até receber o diagnóstico correto e iniciar o tratamento na clínica do Dr. Paulo de Arruda Mello Filho, na Avenida Pompéia.

Seu caso é de degenerescência macular, uma patologia relacionada à idade, que ataca as retinas e provoca perda da acuidade visual. A visão vai ficando turva, embaçada.

– Com este olho, eu já não leio – Dom Angélico indica o olho esquerdo. – Neste outro, de quinze em quinze dias, eu tomo uma injeção. Agora está espaçando, mas pelo menos uma vez por mês eu preciso fazer.

O medicamento utilizado se chama Eylea, nome comercial do aflibercept produzido pela Bayer. As aplicações, intraoculares, não poderão curá-lo, mas evitam a evolução da doença. "Até agora já foram mais de duzentas aplicações", estima padre Toninho. "A visão do Dom não melhorou, mas também não piorou."

A hipótese de deixar de enxergar aterroriza Dom Angélico. Sua paixão é a leitura, sempre foi. A Bíblia, documentos pontifícios, textos sobre ação pastoral. Dom Angélico lê de tudo, só não lê no celular. Não gosta, não enxerga. Não usa nem o WhatsApp, a não ser para mandar alguma mensagem de áudio, quando a Irmã Julieta pede. Prefere o telefone fixo. Faz várias ligações por dia.

Em junho de 2021, um acidente durante a aplicação do remédio o obrigou a voltar para casa sem enxergar. O remédio transbordou para trás da córnea. Por uma semana, precisou ir todos os dias à clínica para um tratamento com laser a fim de mover o líquido para o lugar certo. Ficou numa aflição danada, mal-humorado, incapaz de identificar as pessoas. Um desconforto tremendo.

– Agora, se você me perguntar como é que eu estou, direi que sigo forte, firme e feliz nas mãos de Deus, que é pai – diz –, porque, com 88 anos e seis meses, meu irmão, eu só tenho a agradecer.

O discurso da resignação não dura dois minutos e é logo substituído pelo vigor da palavra, o rigor intelectual e a ousadia de sempre. Dom Angélico não aquieta nem por decreto. Reclama do preço dos combustíveis e dos alimentos, denuncia a escalada da fome no Brasil, elogia o trabalho de padre Júlio Lancellotti junto à população em situação de rua, diz que os militares deveriam voltar para os quartéis e chama atenção para um protesto recente, ocorrido em São Paulo, por iniciativa de um coletivo periférico: a tentativa de tocar fogo numa estátua que homenageia o bandeirante Borba Gato.

– Derruba, mesmo – ele sugere.

Dom Angélico reitera seu repúdio a todos os símbolos que homenageiam exploradores, caçadores de indígenas, escravagistas e genocidas em geral.

– Há uma reação legítima, que deve abarcar toda a sociedade, inclusive a Igreja. Nós não apoiamos a escravidão, mas também não a combatemos – Dom Angélico reflete, ciente de que muitos bispos e frades tiveram escravos em seus palácios e mosteiros. – O poder é uma praga quando não exercido para o bem comum.

A associação com os desmandos da ditadura militar é imediata.

– Essas estradas que homenageiam personagens como Raposo Tavares e Anhanguera deveriam mudar de nome. A Castelo Branco também – opina, referindo-se a três rodovias paulistas, batizadas em referência a dois bandeirantes e ao primeiro presidente da República empossado após o golpe de 1964.

Dom Angélico vai além. Reivindica o papel pedagógico dos monumentos públicos e da sinalização urbana e parabeniza as iniciativas que buscam banir violadores de direitos humanos dos nomes das ruas e de outros logradouros. Em 2016, a prefeitura de São Paulo sancionou a transformação do Elevado Costa e Silva em Elevado João Goulart. Saiu o general responsável por editar o AI-5, uma guinada autoritária dentro de um regime de exceção, e entrou o presidente civil deposto pelo golpe. Dom Angélico gostou da troca e defende que ela seja a primeira de muitas.

– Sou a favor de trocar o nome da rodovia Castelo Branco para Alexandre Vannucchi Leme – propõe, referindo-se ao estudante da USP torturado até a morte no DOI-Codi, em 1973, meu primo em segundo grau. –

Se não quiserem trocar tudo, que troquem pelo menos no trecho entre São Paulo e Sorocaba, que era a terra natal dele.

O bispo emérito sabe que são muitos os obstáculos à realização dessa ideia. Mas que é preciso perseverar. Dom Angélico perseverou a vida toda e tem consciência de que a maioria de suas lutas continua exigindo trabalho e indignação. As novas gerações estão aí para pegar o bastão e carregar o piano. O que não pode é esmorecer.

Em junho de 2021, Dom Angélico foi convidado a dialogar por videoconferência com lideranças de movimentos sociais da Zona Leste, de ontem e hoje, num encontro promovido pelo Núcleo de Ação Cidade Tiradentes em parceria com o Instituto Vladimir Herzog, no âmbito do projeto Territórios da Memória. Estavam lá o veterano Expedito Marinho, do movimento de moradia do Jardim das Oliveiras, a jovem Bia Sankofa, do movimento de cultura de Cidade Tiradentes, a Patrícia Kelly, da pastoral da juventude de São Miguel Paulista, o Edilson Mineiro, da União Nacional por Moradia Popular, a Marilza Santos, agente comunitária de saúde na Vila Yolanda, e tantos outros.

Expedito lembrou a carência de tudo no fundão do Itaim Paulista no início dos anos 1980. "Dom Angélico apoiou os primeiros mutirões, aprimorou nossas reuniões, deu voz à comunidade, se juntou às nossas lutas, até que as conquistas começaram a aparecer: as creches do Jardim Meliunas, do Parque Santa Amélia, do Jardim das Oliveiras, a Escola Estadual João Prado Margarido", listou. "Dom Angélico dizia que a propriedade que não cumpre sua função social é uma propriedade roubada, não é legítima", contou Edilson, que o conheceu nos anos 1990. Marilza destacou que, junto à Vila Yolanda, na Cidade Tiradentes, há uma Unidade Básica de Saúde batizada em homenagem a Dom Angélico. É onde ela trabalha. O local é resultado de uma ocupação feita nos anos 1980 numa gleba que foi adquirida pela Igreja por iniciativa do então bispo-auxiliar de São Miguel. "Antes, nossa comunidade precisava caminhar por mais de meia hora para chegar a um posto de saúde."

Ainda em distanciamento social, mas jamais inútil, Dom Angélico não cessa de militar em favor dos movimentos sociais. Mesmo que seja assim, por videoconferência.

– Como é importante a gente mi-li-tar – diz, assinalando cada sílaba de uma palavra que, em tempos recentes, adquiriu valor negativo na semântica apressada da opinião pública. – Algumas pessoas associam militante com massa de manobra de partidos políticos. Militar é defender uma causa justa, é buscar melhorar a sociedade.

Dom Angélico sempre gostou de militar (o verbo, mais do que o substantivo). Logo que se instalou na Zona Leste, em 1975, o bispo-auxiliar, então com 42 anos, tratou de incutir em cada sacerdote, em cada Comunidade Eclesial de Base (CEB), o mesmo compromisso com a ação pastoral. "O princípio que norteava todo o trabalho de Dom Angélico era a união indissociável entre realidade social e evangelho", diz, em entrevista concedida a mim, padre Paulo Bezerra, pároco de Nossa Senhora do Carmo, em Itaquera, que foi ordenado por ele em 1980. "Ele repetia sempre que vida e liturgia andam juntas, e o sacerdote deve cuidar das duas coisas. Não adianta cuidar apenas da vida espiritual dos fiéis e fechar os olhos para a necessidade que eles têm de água, luz, asfalto, creche, trabalho ou moradia."

Logo após deixar a Diocese de Blumenau, Dom Angélico foi eleito presidente da Subcomissão para os Bispos Eméritos da CNBB e assumiu a missão de promover encontros nacionais, superar impasses e reivindicar espaços de reconhecimento e atuação para os "velhinhos". É evidente a insatisfação de muitos em relação à aposentadoria dos bispos aos 75 anos. A perda do prestígio, combinada à ausência de uma estrutura capaz de prover aos eméritos os meios para que possam colaborar com a Igreja, numa fase em que a maioria ainda está produtiva, faz com que muitos deles se sintam esquecidos e subaproveitados.

O professor Fernando Altemeyer Junior, que foi padre na Zona Leste nos anos 1980 e 1990 e, mais tarde, casou-se e trocou o sacerdócio por outra militância, a universitária, diz que a Igreja Católica tinha, em meados de 2021, 304 bispos ativos e 162 bispos eméritos no Brasil. A proporção, de um para dois, tem diminuído com o aumento da expectativa de vida. E restringe demasiadamente a vida útil de um bispo. Como a maioria assume a função após os 50 anos, sobram 25 anos para a dedicação ao cargo. Chefe do departamento de Ciências Sociais da PUC-SP, Altemeyer explica que a figura do bispo emérito foi introduzida em 1965, durante o Concílio Vaticano II, no pontificado do Papa Paulo VI. Antes, o episcopado era vitalício, como ocorre com os papas. A instituição dá aposentadoria compulsória aos 75 anos, por sua vez, foi determinada em 1983, pelo Papa João Paulo II, que a introduziu no Código de Direito Canônico. Desde então, não apenas a expectativa de vida aumentou, como a maioria chega lúcida e produtiva aos 80 e poucos. "Muitos dos bispos eméritos estão no auge de sua capacidade intelectual", diz o professor.

A aposentadoria também representa a perda de direito a voto no colégio dos bispos e o afastamento das funções relacionadas à CNBB. Nas assembleias, os decanos podem opinar, mantêm o chamado "direito à voz", mas não podem decidir. Dom Angélico defende que os "velhinhos" permaneçam com as mesmas atribuições nas Conferências Episcopais após deixarem a administração das dioceses. Ou, pelo menos, que essa idade seja revista. "Com 162 votos num universo de 466, os bispos eméritos poderiam mudar o tabuleiro político", diz Altemeyer.

Nos últimos dez anos, Dom Angélico viveu parte significativa do seu tempo entre voos e terminais de embarque. "Ele virou o bispo emérito dos retiros, pregava no Brasil inteiro", diz padre Júlio Lancellotti, coordenador da Pastoral do Povo da Rua. Um desses retiros, mais do que todos os outros, ficou na memória de Lancellotti. Estavam no Mosteiro de Itaici, tradicional local de retiros e conferências da Igreja paulista, em Indaiatuba (SP), com três convidados especiais: Dom Angélico, bispo emérito de Blumenau, Dom Luciano Mendes de Almeida, bispo emérito de Mariana (MG), e Dom Pedro Casaldáliga, bispo emérito de São Félix do Araguaia (MT). "Eram nossas melhores referências, representavam tudo aquilo em que nós mais acreditamos na missão da Igreja, e os três nos surpreenderam ao declarar que sua confissão seria pública", completa.

– Graças a Deus, minha vida tem sido muito intensa – diz Dom Angélico. – Aquele menino de Saltinho, filho de lavradores, se tornou um velho de 88 anos, feliz e realizado. Só posso agradecer a Deus.

Dom Angélico garante que tem o hábito de encerrar o expediente às dez horas da noite. Enquanto outros bispos eméritos reclamam de insônia ou do barulho, Angélico dorme profundamente. O que lhe tira o sono para valer, ele diz, costuma atacar durante o dia: o descontrole da pandemia, as ameaças às instituições democráticas, a falta de incentivo à Cultura, o desmatamento, a perseguição aos indígenas, a profusão de desabrigados no centro da cidade, a política econômica que favorece os poderosos.

– Papa Francisco diz que nós precisamos de uma economia solidária – lembra. – É disso que nós precisamos. E não de acúmulo da riqueza nas mãos de poucos, não dos marajás da República que recebem mensalmente um salário que é um escândalo.

Irmã Carmem se aproxima sorrindo, como quem vem resgatar o amigo para outro compromisso. Dom Angélico estende um pote de vidro e oferece sequilhos. Depois se lembra da máscara, do protocolo, e sugere levar um punhado para comer em casa.

– Cuidado na escada, meu irmão – recomenda. – O último degrau é irregular. Vai com Deus. Um abraço de quebrar os ossos!

3

Um humanista em formação

Angélico Sândalo Bernardino nasceu em 19 de janeiro de 1933, em Saltinho, então distrito de Piracicaba, região do médio Tietê, no interior de São Paulo. O bairro tinha cerca de 300 habitantes nos anos 1930. Era apenas uma rua, segundo o bispo. O resto da população do distrito, em torno de 3 mil pessoas, residia na zona rural. Mais tarde, com o processo de urbanização, Saltinho cresceu o suficiente para que parte dos moradores passasse a reivindicar independência. A emancipação viria em 1991. Em 2021, o IBGE estimou 8.498 habitantes no município.

Angélico cresceu sem Sândalo. Sua certidão de nascimento registra somente o sobrenome do pai, como era costume entre os descendentes de italianos na primeira metade do século XX. Sobrenome vigoroso, resultante de uma afetuosa declinação de Bernardo – que, na origem germânica, significa "forte como um urso" (*Bär* + *hart*).

O sobrenome materno foi incorporado na juventude, por iniciativa própria, mas jamais introduzido oficialmente nos documentos. Angélico sentia-se desconfortável com aquela mania um tanto machista de transmitir à geração seguinte apenas o nome paterno. E achava tão bonito o sobrenome da mãe... Sândalo é uma árvore de origem indiana, mundialmente conhecida em razão do óleo essencial preparado a partir de sua madeira, sobretudo das cascas, utilizado em perfumes e difusores. "Sê como o sândalo, que perfuma o machado que o fere", diz um conhecido provérbio, atribuído ora a Buda, ora a Confúcio, ora à tradição oral portuguesa. Não bastava ser "angélico" e "forte como um urso", saberia o jovem seminarista impregnar com sua essência aqueles que, porventura, viessem a agredi-lo? Seus contemporâneos dizem que sim. Para Dom Angélico, todos são "irmãos", inclusive os opositores, os detratores e aqueles que o perseguiram, em diversos momentos de sua trajetória.

Mas isso foi depois. Em 1933, quando Angélico nasceu, não havia machado por perto, nem a necessidade de perfumá-lo. O que havia eram enxada, foice e arado. Seus pais, Duílio Bernardino e Catarina Sândalo Bernardino, eram filhos de italianos que se estabeleceram no interior de São Paulo para trabalhar na roça nos anos 1920. Angélico foi a quinta criança numa família de nove: seis meninas e três meninos. Olívio, o primogênito, morreu antes de completar o primeiro aniversário. Tempos difíceis naquele mundo velho, cheio de porteiras, numa época em que, segundo o censo de 1930, quinze em cada cem crianças nascidas vivas na região Sudeste morriam antes de completar 1 ano. Um país de muita saúva e pouca saúde, como escrevera Mário de Andrade no livro *Macunaíma*, de 1928. Os outros vingaram: Antônio, Irene, Ernesta, Angélico, Maria, Inês, Lília e Cecília. Em 2021, estavam vivos Ernesta, Angélico, Maria e Inês.

Duílio era agricultor. Lavrador de terra alheia, nunca proprietário. "Plantava arroz, feijão, milho, fumo e, ainda, no meio da lavoura, melancia e pepino. Possuía duas éguas para o trabalho", escreveu Dom Angélico em depoimento para o livro *Dom Angélico Sândalo Bernardino: bispo profeta dos pobres e da justiça* (ACDEM, 2012), coordenado por Waldir Aparecido Augusti. Catarina era dona de casa. Cuidava da comida e das roupas da filharada, cultivava flores, chás e verduras. "Comida jamais faltou em casa: arroz, feijão, polenta, ovo, leite e café. Aos domingos, macarronada e um frango para dez", contou.

Católicos praticantes, os pais introduziram logo cedo os filhos na fé e na leitura do Evangelho. Uma das tias, Teodomira, havia abraçado a vida religiosa, como franciscana do Coração de Maria. Batizado quando tinha dois meses e iniciado no rito eucarístico aos 7 anos, Angélico virou coroinha na Igreja do Sagrado Coração de Jesus, em Saltinho, quando tinha 8. Uma vez por semana, calçava sapatos, coisa que nunca tivera, e ia ajudar na missa. Aproveitava para ouvir o conjunto de música que tocava na igreja, nos cultos e nas celebrações. O futebol podia esperar.

Aos 10 anos, decidiu abandonar a função de coroinha. Padre Nazareno, simpático e divertido, tinha sido substituído por padre Oscar Serra de Amaral, que Angélico considerou antipático e carrancudo. Auxiliá-lo foi se tornando um serviço penoso e enfadonho. Catarina não gostou da decisão do filho. Parou de varrer o quintal, olhou bem para o menino e apontou o cabo da vassoura: "Nada disso, você vai continuar coroinha", decretou.

– O argumento foi convincente – diz o filho, debochado. – Bendita vassoura!

Naquela época, a educação formal foi se constituindo um fardo na vida do menino. Ele odiava ficar na sala de aula, sentia-se abafado, não memorizava a tabuada nem por decreto. Olhava mais para a janela do que para o quadro-negro. No primeiro ano do Grupo Escolar de Saltinho, em 1940, Angélico foi reprovado. Os demais, superou a duras penas, obtendo tão somente as notas mínimas para escapar do vermelho, valendo-se muitas vezes de colas. Nelas, ele garante que se saía muito bem.

Por volta dos 10 anos, concluindo o curso primário, uma reviravolta na infância de Angélico definiria seu futuro. O carrancudo padre Oscar costumava perguntar à garotada quem gostaria de ser padre. Numa dessas ocasiões, Angélico e outros dois ou três colegas levantaram a mão: "Eu quero!".

– E eu lá sabia o que era ser padre, meu irmão? Levantei a mão sem ter a menor ideia do que isso significava.

O menino foi convidado a morar na casa paroquial. Duílio e Catarina não se opuseram. Angélico foi.

Dom Angélico descreve padre Oscar como um homem culto, filho de pais letrados – o que era pouco usual naquela época e naquela região –, que falava diversos idiomas e era autoritário ao extremo. Estourava de forma desproporcional diante da algazarra das crianças e se desentendia com frequência com os colegas, dentro e fora do clero. Era meio estúpido, grosseirão, segundo Dom Angélico. Morando na casa do padre, o então coroinha passou a auxiliá-lo nas atividades diárias. Ia buscar a marmita na hora do almoço, fazia compras miúdas, levava e trazia recados como um contínuo em formação. Também passou a viver o dia a dia da Igreja, até ter idade para ingressar no seminário menor, o primeiro estágio da formação religiosa clássica.

Como a Diocese de Piracicaba, desmembrada havia pouco da Diocese de Campinas, ainda não tinha seminário nos anos 1940, padre Oscar matriculou Angélico no Seminário Diocesano de Sorocaba. O menino tinha acabado de completar 13 anos quando ingressou ali, em regime de internato, no dia 2 de fevereiro de 1946. A temporada em Sorocaba durou pouco. Seu mentor logo se desentendeu com o bispo de Piracicaba e foi transferido para a Diocese de São Carlos, também no interior paulista, em 1948. Angélico se mudou junto com padre Oscar. Terminou o primeiro ciclo de estudos no Seminário da Diocese de São Carlos e, em 1951, aos 18 anos, matriculou-se no Seminário Central do Ipiranga, na capital, onde cursou filosofia até 1953.

Foi em São Paulo, no finalzinho do curso, que a vocação de Dom Angélico deu sinais de desgaste e alguma corrosão. Padre? Para sempre? O jovem de Saltinho não se sentia pronto para esse salto. Ainda moço, cheio de vida, olhava as meninas e ficava encantado. Ao completar 20 anos, decidiu pedir um tempo, como fazem os técnicos nas partidas de vôlei ou basquete. Deixou o seminário no último semestre, ainda incompleto, e tomou o ônibus para Ribeirão Preto com o objetivo de contar sua decisão ao padre Oscar – ele já havia se mudado outra vez, da Diocese de São Carlos para a de Ribeirão.

– Que bom – respondeu o mentor, com uma expressão que Angélico nunca decifrou se de entusiasmo, ironia ou resignação.

Angélico sentiu-se desobrigado do sacramento da ordem e dos votos que viriam com ele: a castidade, o celibato, a obediência. Mas o que fazer agora? Padre Oscar recomendou que o ex-seminarista arrumasse um emprego, buscasse uma profissão. Fora da igreja, com 20 anos recém-completados, o rapaz precisaria ganhar a vida. Em Piracicaba, para onde sua família havia se mudado, trocando a roça pela "cidade", o irmão Antônio arranjara emprego como caldeireiro numa metalúrgica. Mais tarde, abriria a própria oficina. Duas de suas irmãs eram empregadas domésticas. Uma era operária. O mentor carrancudo sugeriu que Angélico, já formado em filosofia e falando mais de um idioma, ficasse em Ribeirão Preto. Quem sabe ele não recomeçasse a vida por ali mesmo.

Cidade rica e promissora, cercada de grandes fazendas, com um número crescente de empresas e mais de uma faculdade, Ribeirão Preto se tornara uma cidade universitária. A Escola de Farmácia e Odontologia, mais tarde batizada de Unaerp, funcionava ali desde os anos 1920. Agora, em 1952, a USP acabara de inaugurar um campus em Ribeirão, com uma elogiada faculdade de medicina. Centenas de jovens chegavam e partiam todos os anos. Dali a três décadas, Ribeirão ganharia o apelido de "Califórnia Brasileira".

Angélico, que não tinha mais do que uma pequena mala, instalou-se numa pensão para rapazes na Rua General Osório, a mesma da Praça XV de Novembro, próxima à Catedral, ao Theatro Pedro II e à Choperia Pinguim, e foi dar aulas particulares de português e francês. Dividia o quarto com outros dois estudantes. Em alguns meses, uma jovem que morava na casa ao lado, uma pensão para garotas, despertou sua atenção – e um pouco mais do que isso.

– O coração balançou – ele diz.

Namorar, naquela época, não era como é hoje, o bispo faz questão de anotar. Era tudo muito comportado, sem essa de barba-cabelo-e-bigode. O nome da rosa se perdeu nos escaninhos da memória. Pelo menos é o que diz Dom Angélico. Talvez ele tenha se esforçado para esquecê-la. Discreto, Dom Angélico prefere não se estender no assunto. Até porque as eventuais testemunhas já não estão aqui para confirmar.

Terminado o namoro, as aulas particulares passaram a ocupar a maior parte de seus dias. Mas havia algo incompleto, inconcluso, que fazia Angélico se sentir novamente sem rumo, como nos últimos meses no seminário, um ano antes. Foi aí que Angélico conheceu o arcebispo de Ribeirão, o pernambucano Dom Luís do Amaral Mousinho.

– Fiquei sabendo que você era seminarista – o arcebispo comentou. – Você não pensa mais em ser padre?

– De vez em quando isso me vem à cabeça – o jovem reconheceu. – Outras horas penso em namorar, em me casar.

– Pense melhor.

Dom Luís convidou o rapaz para trabalhar no *Diário de Notícias*, o jornal da diocese. Datilografando à máquina como quem cata milho, usando apenas o dedo indicador, Angélico aprendeu o ofício na marra. Virou jornalista sem formação na área, uma espécie de rábula das notícias, coisa muito comum naquela época. A primeira escola superior de jornalismo do país, a Cásper Líbero, fora inaugurada poucos anos antes, em 1947, e nenhum dos grandes jornalistas tinha diploma. No início de 1955, Angélico já estava sindicalizado e com matrícula no MTPS, o Ministério do Trabalho e Previdência Social – similar ao registro profissional dos jornalistas, hoje conhecido como MTb (de Ministério do Trabalho) –, que lhe permitiria atuar como jornalista "de carteirinha".

O trabalho na redação muitas vezes se estendia até as mesas do Pinguim. Angélico pegou gosto por aquela rotina, a apuração das matérias, a redação, a cerveja com os colegas depois do expediente, e foi se inspirando também na convivência com Dom Luís, orientador vocacional do jovem repórter em meio a muitas dúvidas e hesitações. Aos poucos, a vocação voltou a cochichar em seus ouvidos. Ainda era 1955 quando ele decidiu voltar ao seminário. Tinha 22 anos quando trocou Ribeirão pela região metropolitana de Porto Alegre (RS). Por orientação de Dom Luís, matriculou-se no Seminário Maior de Viamão (RS), onde concluiu o curso de filosofia e, por quatro anos, cursou teologia.

Segundo Dom Angélico, aquele seminário, fundado um ano antes, era a "menina dos olhos" do então arcebispo de Porto Alegre, Dom Vicente Scherer. Desde sua nomeação, em 1947, ele havia se empenhado numa ampla campanha de arrecadação de fundos junto à comunidade local a fim de financiar a construção do edifício e a instalação dos cursos. Recém-inaugurado, o seminário recebia vinte novos seminaristas a cada ano. Os jovens vinham principalmente da Arquidiocese de Porto Alegre, mas também de outras dioceses da Região Sul, como Santa Maria (RS), Florianópolis (SC) e Joinville (SC). De São Paulo, Dom Angélico diz que foram cinco seminaristas na mesma leva que ele, entre os quais Mauro Morelli, que cursou filosofia em Viamão e, em seguida, concluiria os estudos de teologia em Baltimore, nos Estados Unidos.

Dos 22 aos 26 anos, Angélico mergulhou na leitura do Evangelho, da doutrina católica, de hagiografias e encíclicas papais, das obras de Santo Agostinho e Tomás de Aquino – o frade italiano que registrou na *Suma Teológica* (séc. XIII) conceitos como o direito de julgar as ações dos governantes e o direito de resistência contra a opressão do tirano – e assim foi conhecendo mais a fundo o que poderia esperar da vida eclesial. Principalmente, encantou-se com o testemunho de Jesus Cristo, aquele que expulsava os vendilhões do Templo, que ensinava seus seguidores a amarem-se uns aos outros, que prometia o Reino dos Céus a quem tem fome e sede de justiça. De todos os autores que estudou no curso de filosofia, nenhum causou tanta empatia e despertou tanta admiração no jovem Angélico do que aquele filho de marceneiro que nasceu numa manjedoura e que ele, seminarista, passou a considerar o maior de todos os filósofos.

O Seminário de Viamão era sua escola e sua casa. Somente nas férias, Angélico tomava um ônibus para São Paulo e outro para Piracicaba: três dias na estrada para encontrar a família e passar alguns dias na terra natal. Visitava também Ribeirão Preto, cidade que escolheu como diocese, antes mesmo da ordenação.

No outono de 1959, enviou um convite para seus pais, em Piracicaba:

> *Exmo. Sr. Duílio Bernardino, mamãe e manas.*
> *O Diác. Angélico Sândalo Bernardino, que, por graça de Deus, será admitido ao Sacerdócio de Cristo pela imposição das mãos de S. Excia. Revma. D. Luís do Amaral Mousinho, na Catedral de Ribeirão Preto, aos 12 de julho pf., às 8 horas, e celebrará sua Primeira Missa Solene (Piracicaba), aos 19 de julho, 9 horas, quer fazer de V. Excia. um conviva de suas alegrias sacerdotais, unidos no mesmo hino de Ação de Graças.*
>
> *Viamão, junho de 1959.*

Os irmãos se cotizaram para alugar um ônibus e marcar presença no dia 12 de julho de 1959. O filho de lavrador, que andava descalço e colava nas provas, foi ordenado por Dom Luís do Amaral Mousinho.

Uma semana depois, o agora padre Angélico celebrou sua primeira missa, na Matriz de Saltinho. Antônio Bernardino, o irmão mais velho, foi um dos paraninfos da cerimônia. Padre Oscar Serra de Amaral foi o padrinho. Confirmado o sacramento da ordem, padre Angélico ainda precisou voltar a Viamão para o último semestre de teologia.

Em janeiro de 1960, padre Angélico desembarcou mais uma vez em Ribeirão Preto, munido de sua malinha, agora para ficar. A convite do arcebispo, instalou-se no palácio episcopal. Dom Luís do Amaral Mousinho esperava por ele. Indicou-lhe um quarto e o convidou a retomar o trabalho no *Diário de Notícias*, agora como redator-chefe: um emprego que, muito em breve, lhe traria problemas com os militares.

4

O padre que mandava "ocupar tudo"

DEUS É AMOR. O lema sacerdotal adotado por padre Angélico foi pintado em letras maiúsculas na fachada da capela construída na favela da Vila Carvalho, na Zona Norte de Ribeirão Preto, em meados dos anos 1960. Visto de longe, o letreiro cumpria a função de anunciar que ali, naquele local, encontraria acolhimento e oração. Quem chegasse perto o suficiente para escutar uma reunião ou uma homilia, descobriria que, mais do que uma capela, aquele era um local de encontro e organização: o epicentro de uma Comunidade Eclesial de Base, um núcleo de evangelização e ação social ao qual convergiam operários, alcoólatras, agricultores, prostitutas, pedreiros, trombadinhas e empregadas domésticas.

Deus é amor. Na tradição católica, cada padre deve escolher um lema, uma frase capaz de sintetizar seu compromisso pastoral. Padre Angélico encontrou o seu num versículo do Evangelho de João: "Aquele que não ama não conhece a Deus, porque Deus é amor" (1Jo 4:8). Tal pensamento marcaria sua trajetória desde os primeiros anos de sacerdócio, quando foi morar no palácio episcopal, em 1960, junto com o bispo Dom Luís do Amaral Mousinho e outros padres, assumindo, em seguida, a função de cura da Catedral, ou seja, o padre responsável por cuidar daquela igreja. O trabalho na Vila Carvalho começaria um pouco mais tarde, em 1966.

Segundo a Irmã Maria do Carmo Santos Bairão, congregada nas Missionárias de Jesus Crucificado que colaborou por muitos anos com os trabalhos de Dom Angélico no bairro, o convite foi feito por uma assistente social da Legião Brasileira de Assistência, a LBA, órgão do Estado que existiu no Brasil entre 1942 e 1994. Diz ela que a assistente foi fazer uma pesquisa na comunidade a fim de listar as principais demandas, já prevendo que moradia, creche e saneamento básico estariam no topo do ranking.

– O que vocês querem de mais urgente aqui?

– Queremos um padre que venha rezar missa e nos orientar – muitos responderam.

As primeiras missas de padre Angélico na favela foram celebradas em 1966, num local improvisado demais para ser chamado de barraco: chão de terra batida, galhos de árvore sustentando uma lona de caminhão, um resto de porta, uma placa de Brasilit e fragmentos de compensado arremedando a única parede. Uma mesa substituía o altar; cães e galinhas, o coral. A dona do barraco ficou exultante com a presença repentina daquele jovem padre, que chegara de lambreta como quem cai do céu.

– Estou aqui para fazer uma missa – ele foi logo dizendo.

A dona da casa não cabia em si. Foi correndo chamar o marido e anunciar para as vizinhas que ia ter missa. Num momento de provação, anos antes, ela havia feito promessa de rezar uma missa em Aparecida. Apesar da graça alcançada, nunca havia conseguido honrar sua dívida. Agora um padre com nome de anjo vinha até sua casa para que ela pudesse pagar a promessa.

O missionário não apenas rezou a missa como voltou no domingo seguinte. A vizinhança foi se aproximando. Uma de suas primeiras sacadas foi organizar um curso profissionalizante de pedreiro na favela, com apoio da LBA. Além de contribuir para que os homens da comunidade arrumassem trabalho remunerado, a iniciativa rendeu outros frutos. Padre Angélico conseguiu material de construção junto ao Fraterno Auxílio Cristão, uma entidade sem fins lucrativos, e, já em 1967, em sistema de mutirão, alguns barracos começaram a ser substituídos por casas.

Foi aí que surgiu a capela, também construída nesse sistema, pela própria comunidade, e inaugurada em 1969 no mesmo local coberto com lona onde as primeiras missas tinham sido celebradas. Arquitetura modesta, com telhado de duas águas, cinco metros de frente e cinco de lado, um único salão. Atrás do altar, novamente a inscrição em letras graúdas: DEUS É AMOR. Ainda em 1969, Angélico formou uma turma de crianças para a primeira eucaristia. Tudo isso foi sendo organizado sem prejuízo das outras tarefas do padre, que acumulava as funções de cura da Catedral e, desde o segundo semestre de 1964, de diretor do *Diário de Notícias*. Ele não se queixava. Sentia-se feliz por estar no caminho certo.

Na turbulenta década de 1960, os estímulos chegavam por todos os lados, primeiro em sinergia com as grandes reformas populares propagadas a partir de Brasília, mais tarde como resistência. Também na primeira metade da década, ventos transformadores sopravam do Concílio Vaticano II, uma maratona de conferências convocada pelo Papa João XXIII e realizada entre 1962 e 1965 com a presença de bispos do mundo todo.

O papa, já octogenário, acabou falecendo em 1963, antes de ver concluídos os trabalhos. Sua intenção era promover encontros e debates ecumênicos que resultassem em decisões capazes de auxiliar a Igreja a "tirar a poeira acumulada sobre o trono de Pedro", espanar o que havia de velho e reacionário na estrutura do clero, atualizar e adaptar as práticas religiosas à realidade daquele tempo. A Igreja tinha uma palavra em italiano para essa oportuna "revisão": *aggiornamento*.

Para Angélico, as quatro constituições, os nove decretos e as três declarações que resultaram do Concílio Vaticano II, concluído no pontificado de Paulo VI, teriam o condão de modificar profundamente a ação pastoral e a doutrina social da Igreja. "Foi o maior acontecimento da Igreja nos últimos séculos", ele escreveu, num ensaio publicado no libreto *Concílio da Primavera na Igreja* (Paulus, 2012). Tais documentos defendiam a urgência de um catolicismo mais próximo do povo e que dialogasse melhor com o mundo moderno: a substituição do latim pelas línguas pátrias nas missas, a participação crescente das mulheres na liturgia, a defesa intransigente do que se convencionou chamar de "opção preferencial pelos pobres", o firme compromisso com os que têm "fome e sede de justiça".

Em 1968, a II Conferência Geral do Episcopado Latino-Americano, em Medellín, na Colômbia, ratificou os principais encaminhamentos do Concílio Vaticano II e a promessa de uma Igreja politizada, acessível e ecumênica. "O Episcopado Latino-americano não pode ficar indiferente ante as tremendas injustiças sociais existentes na América Latina, que mantêm a maioria de nossos povos numa dolorosa pobreza, que em muitos casos chega a ser miséria desumana", diz uma das conclusões da Conferência. E ainda: "Um surdo clamor nasce de milhões de homens, pedindo a seus pastores uma libertação que não lhes chega de nenhuma parte".

Um dos resultados desse intenso processo de revitalização das diretrizes e práticas católicas inaugurado no Concílio Vaticano II e aprofundado em Medellín foi o surgimento, nos estertores da década de 1960, da Teologia da Libertação. Para um grupo significativo de padres latino-americanos, enfrentar as injustiças sociais e transformar o combate à desigualdade deveriam ser os alicerces da ação pastoral no continente. No Brasil e em países vizinhos, trocar o latim pelo português ou substituir a batina pela calça jeans eram decisões oportunas, mas não evitavam a fome, a mortalidade infantil, o trabalho insalubre, os conflitos de terra, o analfabetismo, a discriminação. Era preciso que a Igreja ajudasse o povo oprimido a se libertar. Nesse sentido, era fundamental que padres e bispos passassem a atuar também nesses temas, lançando mão de sua capilaridade e sua credibilidade para incidir na transformação das realidades locais.

Padre Angélico, na virada dos anos 1970, banhou-se – com fartura de águas – nesse debate. Em pouco tempo, ele viria a se aproximar de alguns dos mais proeminentes bispos e religiosos ditos progressistas, vinculados à Teologia da Libertação, como Dom Hélder Câmara, Dom Pedro Casaldáliga e o então frade Leonardo Boff (que deixaria a Igreja nos anos 1980). Mesmo assim, ele jamais se apresentaria como "adepto" da Teologia da Libertação. Quando perguntado, dizia-se adepto da teologia, simplesmente, porque, em suas palavras, não há teologia que não seja, por definição, libertadora. Da mesma forma, segundo ele, a opção pelo Evangelho é, necessariamente, uma opção preferencial pelos pobres e oprimidos: basta se orientar pelo testemunho de Jesus Cristo.

O Concílio Vaticano II ainda não havia terminado quando o presidente João Goulart foi derrubado por um golpe civil-militar, em 1964, inaugurando um longo período de 21 anos de ditadura, opressão e morte no Brasil. Padre Angélico não imaginava que aquela intervenção poderia durar tanto, muito menos que a passagem dos militares pelo poder deixaria o rastro de violência que deixou. Logo após a posse de Castello Branco, ele chegou a dizer, numa rádio local, que os miliares não ficariam mais do que dois ou três meses no poder. A profecia não poderia ter sido mais equivocada.

O momento de ruptura com a democracia foi especialmente turbulento e provocou cizânias na Igreja. Desde a morte de Dom Luís, em 1962, a Arquidiocese de Ribeirão estava sob o comando de Dom Agnelo Rossi, um bispo conservador. Em 1963, Dom Agnelo fora um dos signatários de um documento encaminhado à CNBB reivindicando que os bispos se afastassem de "certas correntes ideológicas em voga nos meios do laicato". Referia-se ao comunismo. Em 1964, participou da Marcha da Família com Deus pela Liberdade, um movimento cívico conservador deflagrado em março de 1964 que reuniu 500 mil pessoas nas ruas de São Paulo, com apoio do então governador Adhemar de Barros, para pedir a deposição do presidente João Goulart.

Realizada no dia de São José, padroeiro da família, e incensada pelos principais jornais do país, a marcha acabou contribuindo para preparar o ambiente para o golpe de 31 de março. Dom Agnelo sentiu-se aliviado.

As Forças Armadas saberiam conter o ímpeto estatizante de Jango e a "ameaça comunista". Dizia-se que o presidente da República defendia os interesses da União Soviética, país formado por quinze repúblicas socialistas e que, nos anos 1960, rivalizava com os Estados Unidos na economia, na ciência, na tecnologia, nos esportes, na corrida espacial e na política. Parte significativa da população brasileira acreditava no risco de os soviéticos financiarem uma revolução "vermelha" no Brasil, como já haviam feito em Cuba, cinco anos antes. Para impedi-los, a saída era confiar no Exército.

Dom Agnelo ficou pouco tempo em Ribeirão Preto, não mais do que dois anos, até ser transferido para a Arquidiocese de São Paulo pelo Papa Paulo VI, no final de 1964. Na mesma época, foi eleito presidente da CNBB, permanecendo no cargo até 1971. Tempos difíceis para os católicos que haviam confiado na ideia de Igreja do Povo, de opção preferencial pelos pobres, de libertação.

Enquanto esteve arcebispo de São Paulo, de 1964 a 1970, Dom Agnelo chegou a ser acusado de conivência com a tortura. Em 1969, quando frades dominicanos foram presos no Departamento de Ordem Política e Social (Dops) por colaborar com grupos de oposição à ditadura, o arcebispo chegou a visitá-los na prisão e pôde conferir as marcas da violência. Na saída, declarou à imprensa que não havia sinais de tortura, e que alguns estavam machucados simplesmente porque haviam caído da escada. Numa segunda ocasião, ouviu a mesma denúncia de Dom Paulo, então bispo-auxiliar na Zona Norte, e respondeu que não havia maus-tratos, porque gente de sua confiança, ligada ao governo do Estado, havia sido enfática ao afirmar que não existia tortura em São Paulo. Dom Paulo poderia dormir tranquilo.

Quem substituiu Dom Agnelo na Arquidiocese de Ribeirão Preto foi Dom Felício César da Cunha Vasconcellos, arcebispo entre 1965 e 1972, período de recrudescimento do arbítrio.

Padre Angélico não demorou a assumir posição contrária à censura, às perseguições políticas, às prisões ilegais, à truculência da repressão, à tortura. Em vez de se mirar em bispos "adesistas" como lhe pareciam Dom Agnelo, Dom Vicente Scherer (o arcebispo de Porto Alegre que o havia ordenado diácono no seminário de Viamão) e Dom Eugênio Salles (então arcebispo do Rio de Janeiro), padre Angélico entusiasmou-se com os textos de Dom Hélder Câmara, arcebispo de Recife e Olinda. O Jesus Cristo em que ele acreditava era mais parecido com o Jesus Cristo que povoava as histórias e as ações de Dom Hélder do que o lembrado pela maioria dos outros bispos.

Um dia, em meados de 1968, uma manifestação estudantil foi duramente reprimida pela polícia, que cercou a Praça das Bandeiras e avançou com a cavalaria para cima dos jovens, encurralando-os em frente à Catedral.

– Dom Felício saiu às ruas e se misturou com os jovens – conta Dom Angélico. – E eu abri as portas da Catedral para que eles pudessem entrar.

Em dezembro daquele ano, quando foi editado o Ato Institucional número 5 (AI-5) – decreto presidencial que radicalizou o regime, oficializou a censura e instituiu medidas de exceção como a suspensão do habeas corpus, a cassação de parlamentares e o fechamento do Congresso Nacional por decisão monocrática do Poder Executivo –, padre Angélico entendeu que era preciso aprofundar a luta em favor da liberdade e da democracia. Seu principal instrumento era o jornal que dirigia.

Se, em maio de 1964, quando padre Angélico ainda era redator-chefe, uma manchete havia saudado a "revolução", e um editorial, assinado por ele, aplaudira a campanha Ouro para o Bem do Brasil, em janeiro de 1969 o tom era outro. "Novas cassações", foi o título que o *Diário de Notícias* estampou na primeira página em 17 de dezembro, reproduzindo, no interior do primeiro caderno, a lista de atingidos pelo AI-5. Na coluna *Meditação*, que publicava todos os dias e assinava com o codinome "Andarilho nos caminhos dos homens em busca de Deus", Dom Angélico não titubeava. Naquela mesma edição, palavras vibrantes foram direcionadas aos proprietários de grandes extensões de terra improdutiva: "A terra é universal. É de todos", escreveu.

> *Os latifundiários... Infecundos de amor. Ficam guardando terra, terra, muita terra, quando o trigo pede calor para germinar. [...] A terra virgem sente vergonha de ser pisada por donos tais, que se esqueceram de que Deus deu a terra para todos os homens e que a terra deve ser administrada em proveito dos homens, não em alimento do poder, da vaidade, de uns poucos infecundos.*

Dias depois, em uma nova coluna, padre Angélico clamava por união e coragem: "Estamos num tempo de guerras!", escreveu, referindo-se mais ao Brasil do que ao Vietnã. "Aqueles que detêm o poder, em geral, servem-se de seus postos e não os fazem instrumentos de serviço ao bem comum. Aos poucos, porém, surge a reação. É preciso (*que*) nos capacitemos de que a força do bem é muito mais eficaz que a do mal. Na realidade, vencem os maus, quando vencem, porque os bons se acovardam. Não são suficientes, também, as boas ações isoladas. Gente boa nós a temos e muita. Acontece, porém, que, mui frequentemente, o mal se organiza, enquanto os bons estão no isolamento." Sua retórica o obrigou a ir mais de uma vez à delegacia da cidade para prestar depoimento. Uma vez, foi convocado a comparecer ao Comando Militar do Sudeste, o II Exército, em São Paulo. O ano de 1969 estava apenas começando.

Não demorou para que o aparato repressivo desembarcasse em Ribeirão Preto e mostrasse sua face mais perversa. As justificativas oficiais eram as mesmas de 1964: vencer o terrorismo, coibir a ação dos subversivos, varrer a ameaça comunista. Em outubro de 1969, agentes da Operação Bandeirante (Oban) – um centro extraoficial de inteligência e tortura montado em São Paulo por integrantes das três Forças Armadas, da Polícia Federal (PF) e do Dops – desbarataram uma organização clandestina local chamada Forças Armadas de Libertação Nacional (FALN). Entre outubro e novembro, foram indiciadas 35 pessoas por subversão. A investigação levou os agentes ao Lar Santana, um orfanato na Vila Tibério onde os membros da FALN se reuniam e imprimiam o jornal *O Berro*. Maurina Borges da Silveira, madre superiora da instituição, recebeu voz de prisão.

Sem participar da luta armada, Madre Maurina havia apenas emprestado uma sala do orfanato para um grupo de jovens, que ela acreditava fazer movimento estudantil. Fichada como terrorista e transferida para o Dops de São Paulo, Maurina foi pendurada no pau-de-arara e torturada em repetidas sessões de espancamento e choques elétricos, sob o comando do delegado Sérgio Paranhos Fleury. As agressões verbais feriam mais. Ridicularizavam sua fé e sua virgindade, ameavam abusar sexualmente dela.

No dia 12 de novembro, o arcebispo Dom Felício teve a iniciativa de excomungar Renato Ribeiro Soares e Miguel Lamano, dois delegados de Ribeirão Preto que participaram da ação contra a religiosa. Ao *Diário de Notícias*, Dom Felício declarou que todos aqueles que incorrerem nos mesmos erros praticados pelos dois delegados estariam excomungando a si mesmos. As torturas cessaram, mas a madre permaneceu presa. Foram cinco meses de prisão até que, em março de 1970, Maurina foi incluída na lista de presos políticos que deveriam ser embarcados num avião para o México em troca da libertação do cônsul japonês Nobuo Okuchi, sequestrado por militantes da Vanguarda Popular Revolucionária (VPR).

Padre Angélico ajudou a denunciar a violência sofrida por Madre Maurina. Seu nome foi incluído entre os mais de trinta indiciados, embora a Justiça Militar tenha preferido não pedir sua prisão preventiva. Em 17 de novembro de 1969, padre Angélico foi oficialmente incurso na Lei de Segurança Nacional e fichado no Dops pela primeira vez. Segundo apontamentos feitos pela polícia política, ele havia participado de passeatas estudantis e ajudava a patrocinar o jornal "subversivo" *O Berro*.

Anotações sobre padre Angélico voltariam a ser feitas muitas vezes pelos espiões e delegados do Dops. Elas abrangem um período superior a dez anos. Num relatório produzido em 1973 pelo setor de Segurança do Ministério de Minas e Energia, foi anotado que "o jornal *Diário de Notícias*, de Ribeirão Preto, faz sistemática defesa de D. Elder Camara", assim mesmo, sem a inicial "H" no prenome nem o acento no sobrenome, referindo-se ao arcebispo de Recife e Olinda, frequentemente tachado de "bispo vermelho" ou de "comunista" pelos jornais.

Em outra ficha, datada de 1980, o nome de Dom Angélico surge no meio de uma lista de articulistas do jornal *O São Paulo*, editado pela Arquidiocese de São Paulo, com os seguintes comentários: "É o atual diretor. Seu relacionamento com D. Paulo Arns é excepcional. Agitador nos bairros periféricos de São Paulo, particularmente na Região Leste".

Padre Angélico não teve sua prisão decretada em 1969, mas foi intimado a depor.

– Eu estava no meio de uma aula na faculdade e a professora cochichou no meu ouvido: "Teu tio acabou de ser preso" – conta a sobrinha Sônia, filha de Antônio, o irmão mais velho de Dom Angélico, que fazia faculdade de Letras em Ribeirão Preto naquela época. – Esperei a aula acabar e fui buscar informações. Naquela época, os familiares ficávamos apreensivos. Achávamos que ele se expunha demais, se manifestava demais. Mas, para ele, agir era o que importava. Foi assim a vida toda.

Dom Bernardo Miele substituiu Dom Felício à frente da Arquidiocese de Ribeirão Preto em 1972. Ao chegar, o novo arcebispo decidiu destituir padre Angélico da função de cura da Catedral e atribuir a ele a coordenação pastoral. Foi como unir a fome à vontade de comer. Inquieto e solidário, sentindo a urgência de "ir aonde o povo está" – como os artistas na canção de Milton Nascimento e Fernando Brant –, padre Angélico decidiu se instalar de vez na Vila Carvalho, onde a comunidade havia construído a capela Deus é Amor e onde ele costumava celebrar missa, orientar casais e mobilizar as pessoas.

Angélico foi morar num cômodo recém-construído atrás da capela. Desta vez, chegou de Fusquinha, que ele comprara de segunda mão. Era um Fusca "pé de boi", uma versão "completamente pelada" do modelo da Volks. Não tinha frisos, nem calotas, nem tapetes, aquecedor, acendedor de cigarros, iluminação ou retrovisores. Nem marcador de combustível: enfiava-se uma vareta no tanque para conferir o nível da gasolina.

Casais que faziam parte das Equipes de Nossa Senhora dirigidas por ele tentaram demovê-lo da ideia de se mudar para a favela. A Vila Carvalho era um lugar perigoso, um reduto de assaltantes e traficantes, diziam. Irmãos e sobrinhos de Angélico achavam arriscado ele ir até aquele lugar aos domingos ou à noite, imagina viver ali. Mas foi a opção do padre: opção preferencial pelos pobres vivida na prática, no dia a dia.

As duas religiosas da congregação Missionárias de Jesus Crucificado que o ajudavam, Maria do Carmo e Ivone da Silva, esforçavam-se para garantir algum conforto ao padre, mas bastava um descuido delas para que ele renunciasse a tudo que lhe parecia supérfluo. Quando notaram que a casa onde ele vivia não tinha praticamente nada, amigos buscaram apoio dos donos de uma rede de lojas e conseguiram adquirir um fogão, uma geladeira e uma televisão para o padre Angélico. Num inverno especialmente gelado na Alta Mogiana, outros amigos lhe deram um casaco de presente. Ele agradeceu, um agradecimento sincero e efusivo, e vestiu o presente. Duas semanas depois, os mesmos amigos se depararam com o casaco no corpo de um homem da comunidade chamado Duílio, mesmo nome do pai de Angélico. Alcoólatra e sem ter onde morar, Duílio dividia com padre Angélico os parcos metros quadrados do cômodo atrás da capela.

– Cadê o paletó? – perguntaram.

– Emprestei ao Duílio.

Aconteceu a mesma coisa com os eletrodomésticos. O padre havia mandado tudo para a casa da vizinha, uma mulher muito pobre, mãe de cinco filhos. Nos primeiros dias, ela tinha pedido a ele que guardasse o leite das crianças na geladeira. Uma semana depois, a molecada passou a vir todo dia ver televisão em sua casa. "Melhor mandar tudo para a casa dela", padre Angélico concluiu. "Lá, serão mais úteis. Aqui, não me farão falta."

Um dia, o padre ficou sabendo que 120 casas construídas pela Caixa Econômica para serem destinadas a um programa habitacional continuavam vazias após muitos anos. Ficavam no Parque Ribeirão Preto, um loteamento na fronteira sudoeste da cidade. Angélico acelerou o Fusquinha e foi fazer uma vistoria. Deu de cara com um cavalo bisbilhotando o interior de uma das casas. De fato, estava tudo abandonado.

– Ocupa, ocupa tudo – padre Angélico decretou.

Em poucas semanas, 120 famílias da Vila Carvalho mudaram-se para as 120 casas de alvenaria. A ocupação ficou conhecida como Vila Cento e Vinte. Mais tarde, ganhou outro apelido: Vila Fraternidade. Em outra ação semelhante, padre Angélico determinou que 24 casas de madeira fossem construídas a toque de caixa numa gleba da qual não se sabia o dono, mas que era improdutiva. Isso porque a Prefeitura mandara despejar, sem misericórdia nem planejamento, uma ocupação com igual número de famílias que havia no terreno onde seria construído o Parque Permanente de Exposições, destinado a abrigar todos os anos a Feira Agropecuária da Alta Mogiana (Feapam). Em uma semana, as casas estavam todas prontas. O bairro ficaria conhecido como Vila Unida.

Antes de encerrar sua inspiradora passagem por Ribeirão Preto, padre Angélico ainda tratou de inaugurar, em 1974, o Bom Samaritano, uma unidade de saúde com atendimento gratuito voltada para os moradores da Vila Carvalho. Numa época anterior à Constituição Federal de 1988 – e, portanto, anterior ao SUS –, a luta por postos de saúde e unidades de pronto atendimento caminhava de mãos dadas com a luta por moradia, saneamento, salário digno, carteira assinada e outras bandeiras.

Tudo isso começou a chamar a atenção de Dom Paulo Evaristo Arns, arcebispo de São Paulo desde 1970 e cardeal desde 1973. Os dois, Dom Paulo e padre Angélico, cruzavam-se pelo menos uma vez por ano nos encontros da Comissão Episcopal Regional Sul-1 da CNBB, que reunia todos os bispos do Estado de São Paulo. Realizados tradicionalmente no Mosteiro de Itaici, em Indaiatuba (SP), esses encontros costumavam contar com a presença de pelo menos um representante dos padres, escolhido por seus pares para acompanhar parte dos trabalhos e transmitir a eles as decisões tomadas pelos bispos. Angélico era assíduo frequentador desses encontros. "Ele representava muitas vezes o clero do Estado de São Paulo e se distinguia pela participação viva, tanto junto a seus colegas padres quanto também pela franqueza em transmitir suas opiniões aos bispos, que se reuniam à parte", escreveu o cardeal em capítulo publicado no livro *Dom Angélico Sândalo Bernardino: bispo profeta dos pobres e da justiça* (ACDEM, 2012).

Em 1972, a comissão se reuniu em Brodowski, cidade vizinha de Ribeirão Preto. Desse encontro nasceu o primeiro documento da Igreja de São Paulo contra a tortura, intitulado *Testemunho da Paz*. Padre Angélico estava lá. Na ocasião, Dom Paulo foi apresentado ao

Diário de Notícias, dirigido por padre Angélico, e passou a acompanhar também seu trabalho como jornalista e editor, encontrando nele qualidades como desprendimento, humildade, garra e, sobretudo, a firme aliança com o povo da periferia.

Naquele mesmo ano, em sua primeira viagem a Roma, Dom Paulo ouvira um conselho do Papa Paulo VI. O sumo pontífice recomendara a ele a nomeação de um número maior de bispos-auxiliares. A Arquidiocese de São Paulo era grande demais, com 10 milhões de fiéis, e Dom Paulo tinha apenas dois auxiliares: José Thurler, nomeado em 1966 por Agnelo Rossi, e Benedito de Ulhôa Vieira, nomeado por ele nos últimos dias de 1971. "Quando o Papa Paulo VI me aconselhou a eleger pelo menos um bispo-auxiliar para cada milhão de fiéis na Arquidiocese de São Paulo, o nome do padre Angélico Sândalo Bernardino me veio imediatamente à lembrança e ao coração", registrou Dom Paulo (ACDEM, 2012).

Assim que lhe foi autorizada a nomeação de mais quatro bispos-auxiliares, Dom Paulo não titubeou. Em 30 de outubro de 1974, redigiu de próprio punho uma carta endereçada à Arquidiocese de Ribeirão Preto:

> *Prezado Cônego Angélico,*
> *Paz e Bem!*
> *Telefonou-me hoje a nunciatura dizendo que o Papa lhe vai pedir um sacrifício. Espero que você diga o "sim" generoso, como o fez nossa Mãe. Para isso estamos rezando e torcendo, há mais de um ano em São Paulo.*
> *Venho pedir-lhe, desde já, uma colaboração: preciso de uns dados e uma boa fotografia. Queira indicar-nos os trabalhos que realizou e algo mais que possa estreitar laços entre as pessoas dispostas a lutar conosco em São Paulo.*

A equipe – de início quatro novos – é muito boa, amiga e disposta. Além de sentir-se em casa, tenho a certeza de que há de sentir-se também sempre mais útil à Igreja e ao mundo.

Com o abraço e a amizade vão as orações e os votos de seu irmão em Cristo.

Paulo Evaristo Cardeal Arns.

No dia 9 de novembro, foi a vez de padre Angélico escrever uma carta à Nunciatura Apostólica do Brasil:

Meu caro irmão Monsenhor Paulo Giglio,

Deus é AMOR!

Tenho em mãos sua carta de 30/10/74, dando-me conta de que "o Santo Padre designou-me Bispo Titular de Tambee e Auxiliar do sr. Cardeal Dom Paulo Evaristo Arns, Arcebispo de São Paulo."

Ao mesmo tempo, recebi carta do Sr. Cardeal, falando-me do assunto.

Rumei para São Paulo e troquei amplas ideias com D. Paulo Evaristo.

Agora, com tranquilidade, confiado na força de Deus que sustenta minha fraqueza, posso lhe dar meu assentimento ao serviço que o Santo Padre me indica. Dizendo "sim", creio estar cumprindo a vontade de Deus que deve ser feita. Conto, também, meu irmão Monsenhor Paulo, com suas orações.

Seja sobre nós a graça do Senhor nosso Deus!

Fraterno abraço do

P. Angélico Sândalo Bernardino.

Padre Angélico, prestes a completar 42 anos, arrumou a mala e se mudou de cidade mais uma vez, agora rumo à capital e à efervescente Igreja de Dom Paulo.

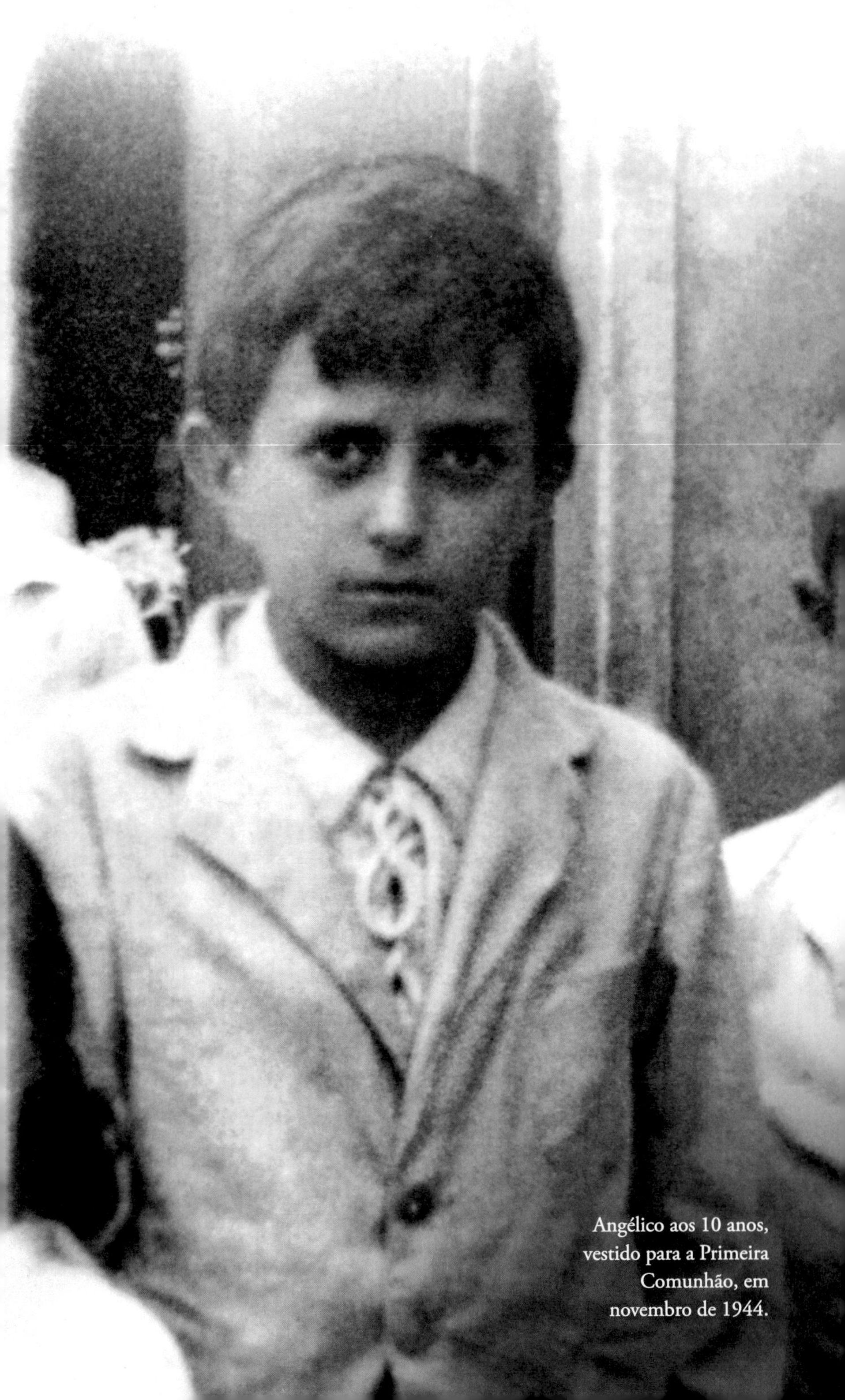

Angélico aos 10 anos,
vestido para a Primeira
Comunhão, em
novembro de 1944.

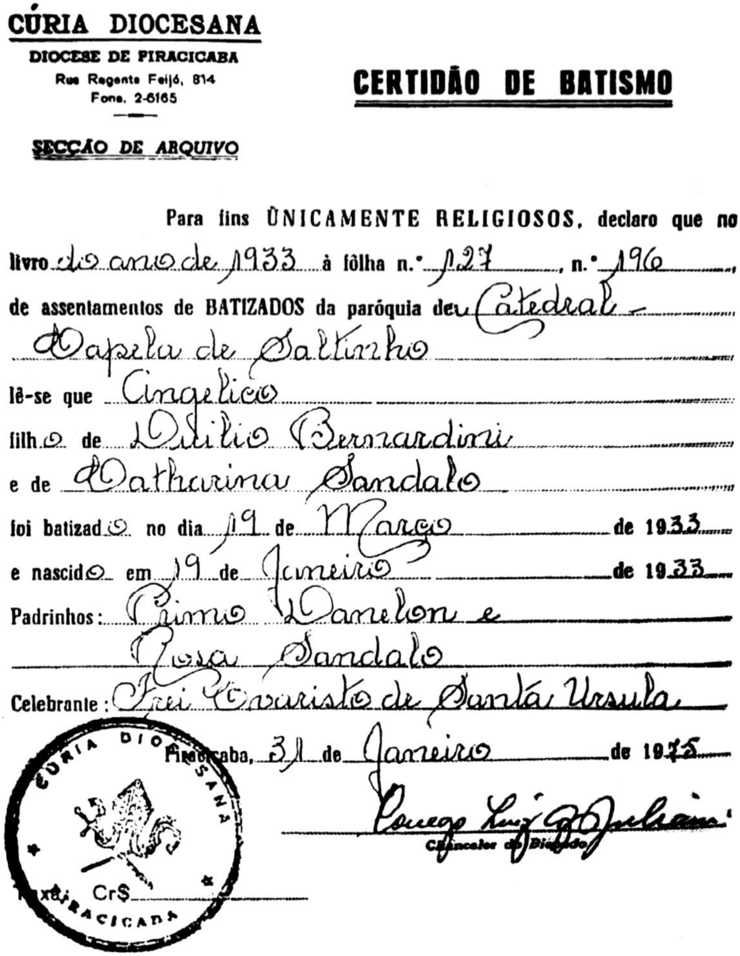

CÚRIA DIOCESANA
DIOCESE DE PIRACICABA
Rua Regente Feijó, 814
Fone. 2-6165

SECÇÃO DE ARQUIVO

CERTIDÃO DE BATISMO

Para fins ÙNICAMENTE RELIGIOSOS, declaro que no livro do ano de 1933 à fôlha n.° 127, n.° 196 de assentamentos de BATIZADOS da paróquia de Catedral – Capela de Saltinho

lê-se que Angelico

filho de Attilio Bernardini

e de Catharina Sandalo

foi batizado no dia 19 de Março de 1933

e nascido em 19 de Janeiro de 1933

Padrinhos: Primo Danelon e Rosa Sandalo

Celebrante: Frei Evaristo de Santa Ursula

Piracicaba, 31 de Janeiro de 1975

Conego Luiz G. Juliani
Chanceler do Bispado

Taxa: Cr$

Angélico tinha dois meses quando foi batizado na capela de Saltinho, em 19 de março de 1933. Seus padrinhos foram os tios maternos, Primo Danelon e Rosa Sândalo.

Os pais, Catarina Sândalo, dona de casa, e Duílio Bernardino, lavrador, eram filhos de italianos estabelecidos no interior de São Paulo. Nascido em 19 de janeiro de 1933 em Saltinho, então distrito de Piracicaba (SP), Angélico é o quinto de nove irmãos e irmãs.

Coroinha aos 10 anos, Angélico visitou Aparecida (SP) pela primeira vez em 1944, acompanhando padre Oscar Serra do Amaral.

Aos 20 anos, em dúvida quanto à vocação para o sacerdócio, Angélico trocou o seminário por um emprego como repórter no *Diário de Notícias*, vinculado à Diocese de Ribeirão Preto (SP).

III ANO DE TEOLOGIA

1 — **Beckhaeuser** João, TU
2 — **Bonini** Antônio, SM
3 — **Boza** Rui, CA
4 — **Cardoso** João, FL
5 — **Cattelan** Armindo, PA
6 — **Corrente** Ivone, JO
7 — **De Nadal** Gregório, PA
8 — **De Nardi** Ulisses, CA
9 — **Flach** José Bertilo, PA
10 — **Fuehr** Oscar Albino, PA
11 — **Gemelli** Daví, MSal
12 — **Lima** Dermeval Ferreira, PEN
13 — **Lorenzato** Luiz Benedito, PA
14 — **Lottermann** José Inácio, SM
15 — **Menegazzi** Adelar, M.S.
16 — **Persch** Lauro, PE
17 — **Rovere** Hilton, FL
18 — **Sandalo** Angelico Bernardino, Rib Pr
19 — **Serafini** Joselino, SM
20 — **Sstahl** Werner Canísio, PAL
21 — **Sufiatti** Ângelo, MSal
22 — **Webber** Teodoro, CA
23 — **Werner** Guido, PA

Aos 22 anos, retomou os estudos no seminário de Viamão (RS). Angélico é o 18º nome na lista de alunos matriculados no 3º ano do curso de Teologia, em 1957.

Com os pais, Catarina e Duílio, em visita a Saltinho no iníco dos anos 1970. O município seria emancipado de Piracicaba em 1991.

Família quase completa. O primeiro dos nove filhos de Duílio e Catarina faleceu criança. Na foto, o casal (ao centro) com sete dos oito filhos vivos. A partir da esquerda: Lilian, Ernesta, Maria, Antonio, Angélico, Inês e Irene. Está faltando a irmã Cecília.

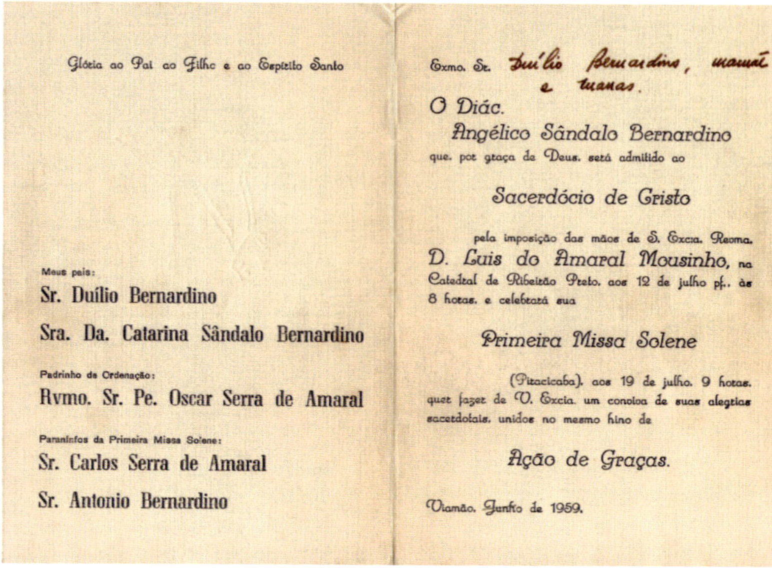

Glória ao Pai ao Filho e ao Espírito Santo

Meus pais:

Sr. Duílio Bernardino

Sra. Da. Catarina Sândalo Bernardino

Padrinho de Ordenação:

Rvmo. Sr. Pe. Oscar Serra de Amaral

Paraninfos da Primeira Missa Solene:

Sr. Carlos Serra de Amaral

Sr. Antonio Bernardino

Exmo. Sr. Duílio Bernardino, mamãe e manas.

O Diác.
Angélico Sândalo Bernardino
que, por graça de Deus, será admitido ao

Sacerdócio de Cristo

pela imposição das mãos de S. Excia. Revma.
D. Luis do Amaral Mousinho, na Catedral de Ribeirão Preto, aos 12 de julho pf., às 8 horas, e celebrará sua

Primeira Missa Solene

(Piracicaba), aos 19 de julho, 9 horas, quer fazer de V. Excia. um consócio de suas alegrias sacerdotais, unidos no mesmo hino de

Ação de Graças.

Viamão, Junho de 1959.

Convite para a ordenação de padre Angélico, em 1959, endereçado aos pais e às irmãs.

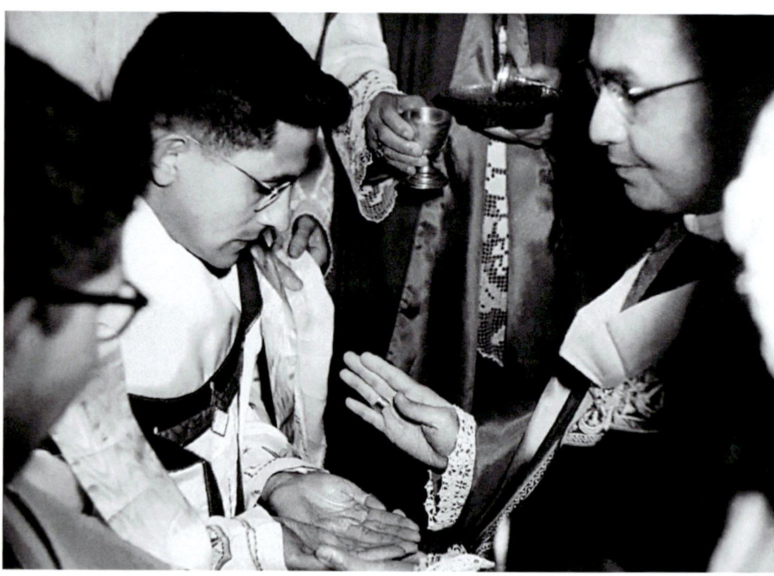

Angélico tinha 26 anos quando foi ordenado padre na Catedral de Ribeirão Preto pelo bispo Dom Luís do Amaral Mousinho, em 12 de julho de 1959.

Dom Luís do Amaral Mousinho, de batina cinza e segurando uma pasta, e os demais padres da Arquidiocese de Ribeirão Preto na primeira metade dos anos 1960.

Jovem sacerdote no início dos anos 1960, padre Angélico manteve a atividade como jornalista, agora sindicalizado, primeiro como repórter e, em seguida, como diretor de redação do *Diário de Notícias*.

Na segunda metade dos anos 1960, padre Angélico foi à Vila Carvalho, um bairro muito pobre de Ribeirão Preto, e disse à dona deste barraco que gostaria de rezar uma missa.

Por volta de 1970, o local virou sede de uma comunidade eclesial de base, onde padre Angélico construiu a capela Deus é Amor. Ele se mudaria para o bairro em 1973.

Também na Vila Carvalho, em 1971, padre Angélico liderou a construção de uma série de casas em sistema de mutirão. Foi o início de seu ativismo na defesa do direito à moradia.

A atuação de padre Angélico ia além da pregação engajada. Nesta foto, o pároco da Vila Carvalho coloca a mão na massa e ajuda a construir o telhado de uma das casas.

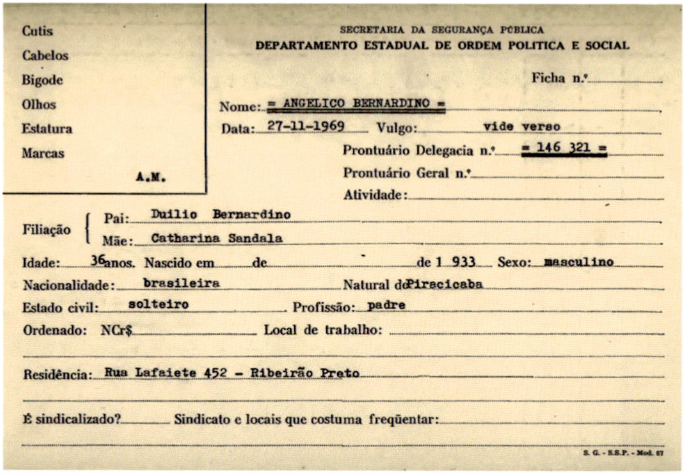
Cutis
Cabelos
Bigode
Olhos
Estatura
Marcas
A.M.

SECRETARIA DA SEGURANÇA PÚBLICA
DEPARTAMENTO ESTADUAL DE ORDEM POLITICA E SOCIAL

Ficha n.º

Nome: = ANGELICO BERNARDINO =
Data: 27-11-1969 Vulgo: vide verso
Prontuário Delegacia n.º = 146 321 =
Prontuário Geral n.º
Atividade:

Filiação { Pai: Duilio Bernardino
Mãe: Catharina Sandala

Idade: 36anos. Nascido em de de 1 933 Sexo: masculino
Nacionalidade: brasileira Natural dePiracicaba
Estado civil: solteiro Profissão: padre
Ordenado: NCr$ Local de trabalho:

Residência: Rua Lafaiete 452 - Ribeirão Preto

É sindicalizado? Sindicato e locais que costuma freqüentar:

S. G. - S.S.P. - Mod. 67

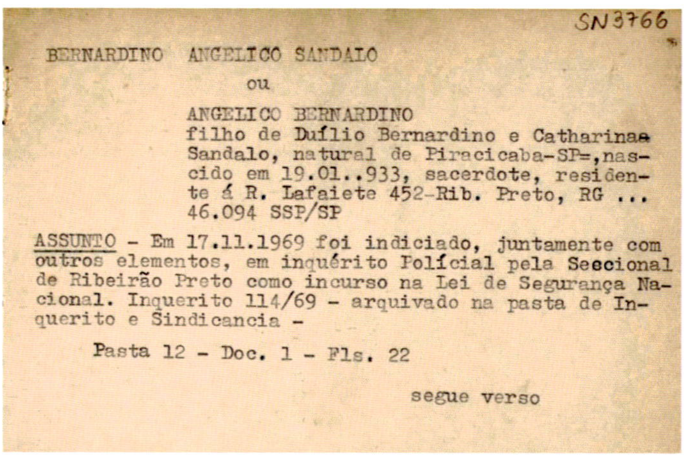
SN3766

BERNARDINO ANGELICO SANDALO
ou
ANGELICO BERNARDINO
filho de Dulio Bernardino e Catharinaa Sandalo, natural de Piracicaba-SP=,nascido em 19.01..933, sacerdote, residente á R. Lafaiete 452-Rib. Preto, RG ... 46.094 SSP/SP

ASSUNTO - Em 17.11.1969 foi indiciado, juntamente com outros elementos, em inquérito Polícial pela Seccional de Ribeirão Preto como incurso na Lei de Segurança Nacional. Inquerito 114/69 - arquivado na pasta de Inquerito e Sindicancia -

Pasta 12 - Doc. 1 - Fls. 22

segue verso

Nesta e na próxima página, anotações que compõem o prontuário de Dom Angélico no Departamento Estadual de Ordem Política e Social de São Paulo, o Dops. Fichado em 1969, quando tinha 36 anos, Dom Angélico foi seguido até meados dos anos 1980.

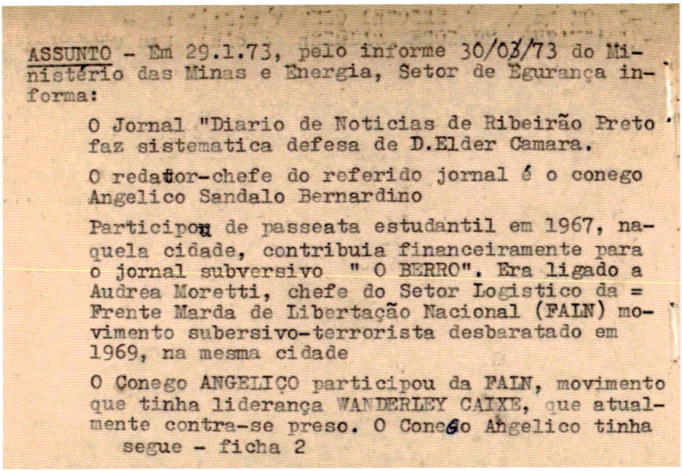

ASSUNTO - Em 29.1.73, pelo informe 30/03/73 do Ministério das Minas e Energia, Setor de Eguranҫa informa:

O Jornal "Diario de Noticias de Ribeirão Preto faz sistematica defesa de D.Elder Camara.

O redator-chefe do referido jornal é o conego Angelico Sandalo Bernardino

Participou de passeata estudantil em 1967, naquela cidade, contribuia financeiramente para o jornal subversivo " O BERRO". Era ligado a Audrea Moretti, chefe do Setor Logistico da = Frente Marda de Libertação Nacional (FALN) movimento subersivo-terrorista desbaratado em 1969, na mesma cidade

O Conego ANGELIÇO participou da FALN, movimento que tinha liderança WANDERLEY CAIXE, que atualmente contra-se preso. O Conego Angelico tinha

segue - ficha 2

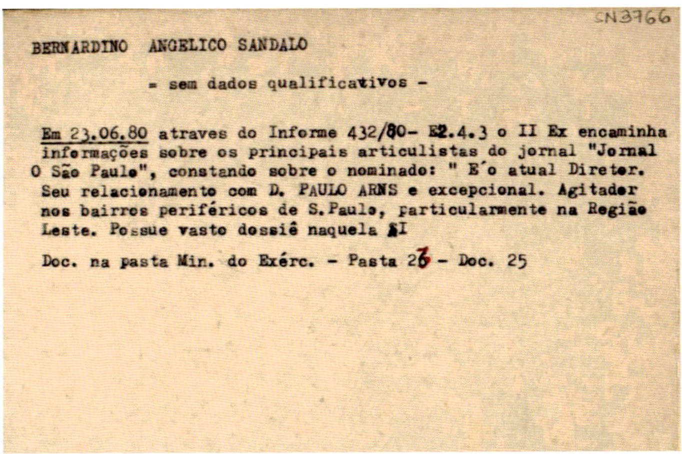

CN3766

BERNARDINO ANGELICO SANDALO

= sem dados qualificativos -

Em 23.06.80 atraves do Informe 432/80- E2.4.3 o II Ex encaminha informações sobre os principais articulistas do jornal "Jornal O São Paulo", constando sobre o nominado: " E´o atual Diretor. Seu relacionamento com D. PAULO ARNS e excepcional. Agitador nos bairros periféricos de S.Paulo, particularmente na Região Leste. Possue vasto dossiê naquela SI

Doc. na pasta Min. do Exérc. - Pasta 26 - Doc. 25

Padre Angélico foi incurso na Lei de Segurança Nacional por participar de passeata estudantil em 1967, publicar textos subversivos no *Diário de Notícias* e também sob a acusação mentirosa de colaborar com um grupo "terrorista". Já em 1980, foi acusado de ter um relacionamento "excepcional" com Dom Paulo Evaristo Arns e de ser um "agitador nos bairros periféricos de São Paulo, particularmente na Região Leste".

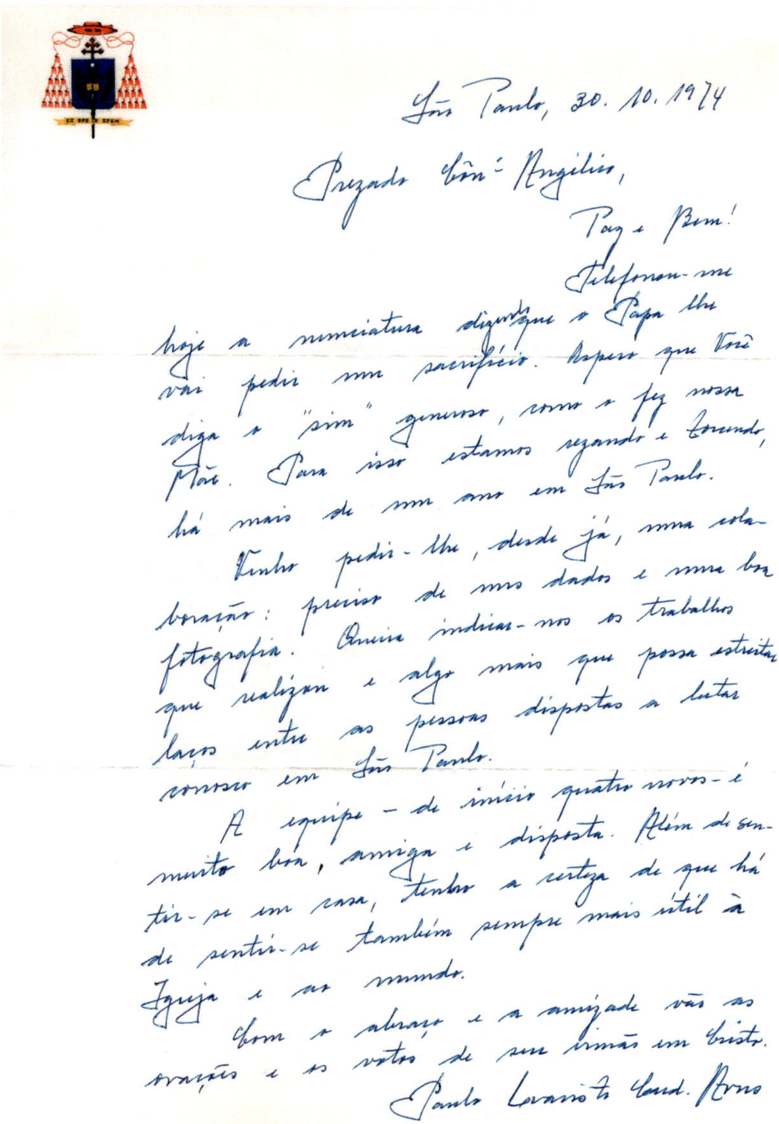

São Paulo, 30. 10. 1974

Prezado Côn.º Angélico,

Paz e Bem!

Telefonou-me hoje a nunciatura dizendo que o Papa lhe vai pedir um sacrifício. Espero que você diga o "sim" generoso, como o fez nossa Mãe. Para isso estamos rezando e torcendo, há mais de um ano em São Paulo.

Venho pedir-lhe, desde já, uma colaboração: preciso de uns dados e uma boa fotografia. Queira indicar-nos os trabalhos que realizou e algo mais que possa estreitar laços entre as pessoas dispostas a lutar conosco em São Paulo.

A equipe – de início quatro novos – é muito boa, amiga e disposta. Além de sentir-se em casa, tenho a certeza de que há de sentir-se também sempre mais útil à Igreja e ao mundo.

Com o abraço e a amizade vão as orações e os votos de seu irmão em Cristo.

Paulo Evaristo Card. Arns

Em carta de próprio punho, enviada em outubro de 1974, o então arcebispo de São Paulo, Dom Paulo Evaristo Arns, comunica a padre Angélico que será nomeado bispo-auxiliar pelo papa: "Espero que você diga o 'sim' generoso, como o fez nossa Mãe".

coordenação arquidiocesana
de pastoral

rua prudente de morais, 409 - c. p. 588 - fone: 5178 - ribeirão prêto

Ribeirão Preto, 9 de novembro de 1974

Meu caro irmão Mons. Paulo Giglio,
Deus é AMOR!

Tenho em mãos sua carta de 30/X/74, dando-me conta de que "o Santo Padre designou-me Bispo Titular de Tambee e Auxiliar do sr. Cardeal Dom Paulo Evaristo Arns, Arcebispo de São Paulo!"
Ao mesmo tempo, recebi carta do sr. Cardeal, falando-me do assunto.
Rumei para São Paulo e troquei amplas ideias com D. Paulo Evaristo.
Agora, com tranquilidade, confiado na fôrça de Deus que sustenta minha fraqueza, posso dar meu assentimento ao serviço que o Santo Padre me indica. Dizendo "sim", creio estar cumprindo a vontade de Deus que deve ser feita.
Conto, também, meu irmão Mons. Paulo, com suas orações.
Seja sôbre nós a graça do Senhor nosso Deus!
Fraterno abraço do

P. Angélico Sândalo Bernardino.

Ao Reverendo
Mons. Paulo Giglio
Nunciatura Apostólica do Brasil
Brasília.

O "sim" generoso esperado por Dom Paulo é finalmente encaminhado em carta de padre Angélico ao núncio apostólico, monsenhor Paulo Giglio, em novembro de 1974: "Creio estar cumprindo a vontade de Deus que deve ser feita".

Diario de Noticias

DIR. GERAL: Manoel Carlos da Rocha — "A CE'SAR O QUE E' DE CE'SAR E A DEUS O QUE E' DE DEUS"

PORTE PAGO — Aut. n.o 5—DR—RPO—FUND. EM 1.o/07/28 — Ribeirão Prêto: Sábado, 25 de Janeiro de 1975 — N. 15.972 — Hoje: 16 Páginas — PREÇO DO EXEMPLAR $ 1,00

Dom Angélico, a partir das 17 horas de hoje

Às 17.00 horas de hoje, na Catedral de São Paulo, em São Paulo, dar-se-á à sagração episcopal de Monsenhor Angélico Sândalo Bernardino, em cerimônia que será presidida pelo Cardeal Dom Paulo Evaristo Arns, tendo como concelebrantes D. José Thurler e D. Benedito de Ulhoa Vieira, que serão auxiliados por D. Bernardo José Bueno Miele, D. Diógenes da Silva Mathes e outros prelador do Estado de São Paulo. Juntamente com Monsenhor Angélico, receberão a ordenação episcopal Monsenhor Francisco Manuel Vieira, Monsenhor Joel Ivo Catapan e Monsenhor Mauro Gomes Morelli. Os quatro Monsenhores, que hoje serão sagrados Bispos, foram eleitos para esse elevado posto na Igreja de Cristo por Sua Santidade o Papa Paulo VI a 12 de dezembro do ano findo.

Monsenhor Angélico Sândalo Bernardino sempre se destacou como pastor zeloso na implantação do Reino de Deus, em todos os setores em que sempre atuou na Arquidiocese de Ribeirão Preto. Suas lutas em favor dos menos afortunados, tornaram-no conhecido como padre dos humildes, dos trabalhadores, dos favelados. No campo da Doutrina Social Cristã, vários trabalhos de alto alcance tiveram repercussão, fazendo de seu nome e atuação uma bandeira de fé, amor e esperança, sob o signo da liberdade autêntica com justiça e paz. Como jornalista, Monsenhor Angélico sempre se manteve em nível de critério, expendendo doutrinação, pregando a verdade sempre e acima de tudo. Como formador de consciência, dedicou-se, de modo especial, a abrir o coração e a alma para as realidades do cotidiano.

DADOS BIOGRAFICOS

Monsenhor Angélico Sândalo Bernardino nasceu em Saltinho (Diocese de Piracicaba-SP) a 19 de janeiro de 1933, filho de Duilio Bernardino e Dona Catarina Sândalo Bernardino, residentes em Piracicaba. Foi batizado a 19 de março de 1933 na Catedral de Piracicaba e crismado a 23 de julho do mesmo ano. Estudou humanidades no Seminário Menor de São Carlos (SP) e no Seminário de Sorocaba (SP). Cursou Filosofia no Seminário Central da Imaculada Conceição (Ipiranga) em São Paulo e Teologia no Seminário Maior de Viamão (RS), Arquidiocese de Porto Alegre. No dia 12 de junho de 1959 foi ordenado prebistero na Catedral de Ribeirão Preto, por Dom Luiz do Amaral Mousinho, primeiro Arcebispo Metropolitano desta Arquidiocese. Como prebistero foi Capelão do Templo Votivo que é a Igreja de São Benedito em Ribeirão Preto, assistente arquidiocesano da Liga Independente Católica Feminina, assistente do Movimento Familiar Cristão e do Fraterno Auxilio Cristão (FAC). Diretor espiritual do Seminário Arquidiocesano Maria Imaculada, Diretor de Redação do Diário de Notícias. No dia 1.o de janeiro de 1963 foi nomeado Cura da Catedral de Ribeirão Preto e Cônego do Cabido Metropolitano em 16 de abril de 1963; foi Diretor Espiritual do Secretariado de Cursilhos de Cristandade; em agosto de 1966 foi nomeado Coordenador Arquidiocesano de Pastoral da Arquidiocese; foi Coordenador do Conselho Presbiteral. Diretor da Comissão Executiva Arquidiocesana da Campanha da Fraternidade. Assistente Espiritual das Equipes de Nossa Senhora e do Serviço de Pastoral Familiar.

Identificado com a vida da Igreja particular de Ribeirão Preto, desde o início de seu ministério presbiteral, o Monsenhor Angélico Sândalo Bernardino soube granjear a simpatia, a amizade e a estima de todos procurando ser pastor zeloso e dedicado do Povo de Deus, a serviço de quem o procurasse.

CARAVANA

Uma caravana de amigos do Monsenhor Angélico Sândalo Bernardino deixará esta cidade, seguindo para São Paulo para assistir à sua ordenação episcopal. O prefeito Welson Gasparini e o presidente da Câmara Municipal, vereador Osório Carlos do Nascimento, estarão presentes à cerimônia, levando ao novo Bispo Auxiliar de São Paulo as congratulações do Executivo e Legislativo ribeirãopretano, legítimos representantes de toda a nossa comunidade.

A ordenação episcopal de padre Angélico, agora "Dom" Angélico, em janeiro de 1975, foi noticiada com orgulho na imprensa de Ribeirão Preto e de Piracicaba.

O primeiro piracicabano a ser ordenado Bispo

O padre Angélico Sandalo Bernardino, que aparece ao lado de sua mãe, sra. Catarina Sandalo, será ordenado bispo, sábado, na Sé Metropolitana de São Paulo. Ele é o primeiro padre nascido em Piracicaba que é ordenado bispo. Reportagem à página 3.

Na próxima página, imagens da cerimônia de ordenação episcopal de Dom Angélico, em 25 de janeiro de 1975, aniversário de São Paulo. Sob as mãos de Dom Paulo na primeira foto, Angélico foi ordenado juntamente com outros três bispos-auxiliares e discursou em nome do grupo.

Entre 1976 e 1989, Dom Angélico é bispo-auxiliar da região de São Miguel Paulista, onde se engaja prontamente na luta por terra, moradia e outros direitos fundamentais.

Dom Angélico assume também a coordenação da Pastoral Operária de São Paulo. O clamor popular por justiça social torna-se uma constante nas missas que celebra.

Foto: Douglas Mansur/Acervo pessoal

Dom Angélico conduz a comitiva de São Miguel no Encontro Nacional das CEBs, realizado no Ginásio do Ibirapuera, em São Paulo, em 1986.

Foto: Douglas Mansur/Acervo pessoal

Dom Angélico fala para 20 mil pessoas na Praça do Forró, em São Miguel Paulista, numa assembleia das pastorais da Terra e da Moradia, em 1987.

GRITAPOVO

ANO 1 — Jornal Mensal da Região São Miguel — AGOSTO DE 1982 — Nº 1

Editado pelo Centro de Comunicação e Educação Popular "Manoel do Ô"

São Miguel
é o maior reduto da oposição.

Nas últimas eleições, em 1978, a oposição conseguiu obter 94% dos votos em São Miguel Paulista.
O distrito eleitoral da Vila Sinhá foi considerado o maior reduto oposicionista em São Paulo, ao atingir a diferença de votos - entre oposição e situação - na proporção de 18 para 1. Esse ano, precisamos ampliar esses números.

Maiores detalhes na Página 5

RECADO D. ANGÉLICO
Diretas e Ressureição

Nós proclamamos ao mundo, com plena convicção, a Morte e Ressureição de Jesus Cristo, Libertador do Homem. Não se trata de anúncio verbal somente. Trata-se de postura comprometida, encarnada, de luta constante com a Morte, a favor da VIDA. Nós acreditamos na vida e lutamos, prá valer, contra todas as formas de morte e o fazemos porque somos discípulos daquele que veio "para nos dar VIDA, vida de gente" (Jo. 10,10).

O povo brasileiro está sob o jugo de inúmeras escravidões. É parecido com aquele povo escravo que gritava a Deus por socorro! E Deus disse: "Eu ví a aflição de meu povo no Egito, ouvi o seu clamor por causa dos seus opressores, tomei conhecimento das suas angústias. E eu desci para livrá-lo". (Ex. 3.7-8).

Deus está, também hoje, com seu Povo, ajudando-o, na arrancada libertadora. Libertação da fome, desemprego, de sistemas corrompidos, dos que se apossaram de todos os bens que o PAI destinou para TODOS os seus filhos.

Atualmente, ouvimos, no Brasil inteiro, um forte clamor. É o povo que exige o fim da ditadura militar, clamando por ELEIÇÕES DIRETAS JÁ do Presidente da República. Na verdade, como falou outro dia um político brasileiro, "nunca houve na História do Brasil, tanto no Império como na República, uma luta da população semelhante pelas Diretas. Por que? Porque nunca houve tanta fome e tanta falta de vergonha".

Nós estamos com o Povo nesta luta. Queremos escolher nosso futuro Presidente da República, para que ele tenha condições para introduzir uma porção de reformar, sem as quais a miséria continuará crescendo, matando milhares de pessoas. Trata-se de luta contra a Morte, da Ressurreição de todo um Povo que tem direito ao PÃO e à LIBERDADE, pois os que nos governam, os que sustentam o atual Sistema sócio-econômico-político que aí está, estão a serviço da Morte e não da Vida!

D. Angélico

GRITA POVO

Você é a favor ou contra? leia pág. 2

PRESIDENTE

DIRETAS

Jornal Mensal da Região de São Miguel

Um Ato de Legítima Defesa

Ano 3 — Março de 1984 — nº 18 — Cr$ 100,00

Nós queremos viver

Queremos Viver. Grito de mais de 3.000 pessoas reunidos na praça da Igreja de São Miguel na Abertura da Campanha da Fraternidade de 1.984.
É a sede de vida que nasce de todos os lados, de todas as direções.
É o grito de vida de milhões de menores abandonados. De jovens, mulheres,negros e trabalhadores do campo e da cidade.
É preciso exigir VIDA DE GENTE. Leia na pág. 8.

Metalúrgicos: Oposição de SP prepara-se para eleições!

Leia na pag. 3

Entusiasta da comunicação popular e do papel que ela desempenha na formação política das pessoas, Dom Angélico cria, em 1982, o jornal *Grita Povo,* porta-voz das reivindicações de São Miguel: feminista, antirracista, contra a pobreza e por Diretas Já.

Foto: Douglas Mansur/Acervo pessoal

Foto: Douglas Mansur/Acervo pessoal

Em sentido horário: com o professor Paulo Freire, patrono da Educação Brasileira; com o líder budista tibetano Dalai Lama; com Desmond Tutu, arcebispo anglicano da África do Sul e parceiro de Nelson Mandela na luta contra o apartheid; e com padre Ticão, pároco de Ermelino Matarazzo que teve importante atuação na luta por moradia na Zona Leste. Dalai Lama e Desmond Tutu foram agraciados com o Nobel da Paz nos anos 1980.

Dom Angélico: Homem-Palavra

...Um homem se fez palavra e veio morar no meio de nós e desde então tudo foi diferente.
As vozes caladas pelo silêncio imposto aprenderam o gosto da liberdade.
A coragem adormecida de todo um povo despertou e fez sua as ruas e praças.
Vestida de cores e magia, a palavra deste homem foi aquecendo a esperança dos tristes, devolvendo músculos e nervos ao pés cansados e às mãos sem força.
Este homem se fez palavra-de-guerra.
Desafiou poderes, sacudiu tronos, fustigou mentiras,desnudou corrupções
Sem pedir licença esta palavra-de-guerra invadiu gabinete, criou manchetes se fez assunto obrigatório em todas as bocas.
Espalhou-se feito enxurrada pelas ruas e vilas,
acendendo os brios de um povo sem rosto.
Iludem-se aqueles que acham que esta palavra pode ser levada pelo vento.
É tarde demais. Ela se fez alicerce de muitas casas, alimento de centenas de comunidades, roteiro para milhares de vidas.
Este homem se fez palavra-proposta.
Tecida de ternura e vigor, levantou bandeiras de um tempo novo,
acendendo sonhos, costurando esperanças, plantando certezas de que a alvorada de um novo dia é tão certa quanto a escuridão da noite.
Os filhos da luz ouviram voz e, tijolo a tijolo levantam as paredes de uma nova cidade.
Enganam-se aqueles que pensam calar esta palavra, mudando-a de lugar.
Palavra assim não tem morada fixa: o mundo é sua casa.
Este homem se fez palavra-esperança.
Gritou aos quatro cantos do mundo que o horizonte é maior que a mordaça das leis.
Que no fim da estrada há braços paternos, esperando a chegada.
E qual semente de mostarda estendeu seus ramos, pendurando muitos ninhos em seus galhos;
feito fermento, estourou limites e nenhuma cerca pode pretender contê-lo.
Enganam-se aqueles que pensam em aprisioná-la na estreiteza dos códigos e na frieza das gramáticas.
Ela é livre como o vento.
Hoje esta palavra não tem dono
Hoje esta palavra não é só um homem.
É palavra multidão.
Saiba Angélico, homem-palavra, não guardaremos você num cofre de lembranças, seremos sementeira a multiplicar essa palavra-de-guerra palavra-proposta, palavra-esperança.
Nós o queremos tão bem porque vemos em você,
Homem que se fez palavra, um espelho fiel da Palavra que se fez Homem.
Pode crer na nossa palavra.

Pastor dos pobres da Região de São Miguel de 1975 à 1989

Cartaz apócrifo produzido pelo povo de São Miguel homenageia Dom Angélico e protesta contra sua mudança para outra região episcopal, a de Vila Brasilândia, em 1989. "Enganam-se aqueles que pensam calar esta palavra, mudando-a de lugar", diz o texto, escrito pelo padre Carlos Strabelli, diretor do jornal *Grita Povo*.

Na Vila Brasilândia, Zona Norte de São Paulo, a mesma militância. Missa de 1993 recepciona a criação do comitê local da Ação da Cidadania, a "campanha do Betinho".

Foto: Fátima Giorlano/Acervo pessoal

A segunda edição da Romaria dos Sem..., em 1999, leva milhares de trabalhadores e movimentos sociais a Aparecida (SP), entre eles alguns fiéis de São Miguel e Brasilândia.

Com o amigo e cardeal Dom Paulo Evaristo Arns, colegas de Arquidiocese por 23 anos.

Com o papa João Paulo II, que o designou para a nova Diocese de Blumenau, em 2000.

Nesta e na próxima página, homenagens a Dom Angélico e reconhecimento ao seu trabalho por ocasião da transferência do bispo-auxiliar da Brasilândia para a recém-criada Diocese de Blumenau (SC), em 2000.

DOM ANGELICO
POR TUDO

DOM ANGÉLICO NOSSO IRMÃO
MUITO OBRIGADO, DEUS LHE PAGUE.
SETOR PERUS

DOM ANGÉLICO
PASTOR DA HUMANIDADE

Na página anterior, durante concílio diocesano no Vaticano, Dom Angélico cumprimenta o papa Bento XVI. No canto direito, Dom Odilo Scherer, arcebispo de São Paulo. Abaixo, um passeio pela Praça de São Pedro. Nesta página, acima e à esquerda, o bispo emérito de Blumenau vê neve pela primeira vez, na Itália.

Foto: Youtube Lula/Divulgação

Amigo do presidente Lula desde as grandes greves de 1979 e 1980, Dom Angélico fez a unção dos enfermos e celebrou o velório da ex-primeira-dama Marisa Letícia, em 2017.

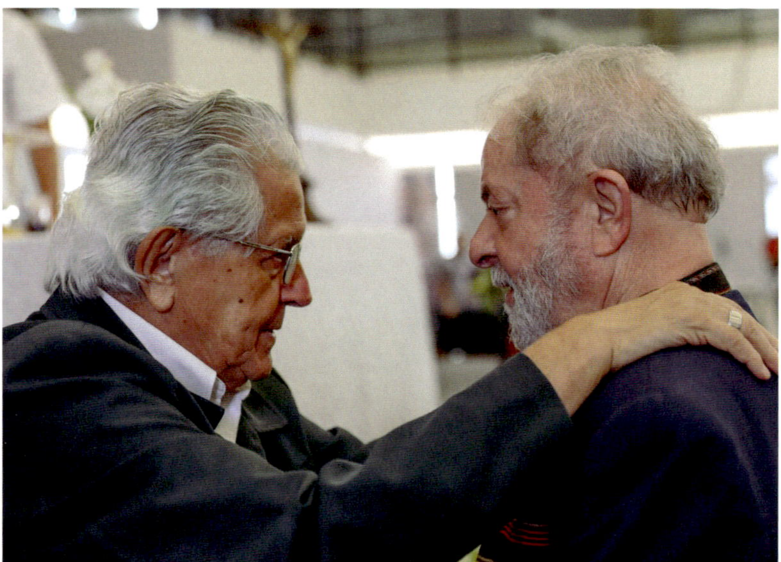

Foto: Facebook Lula/Divulgação

Em fevereiro de 2018, voltou a celebrar missa em intenção de Dona Marisa por ocasião do primeiro aniversário da morte da ex-primeira-dama.

Foto: Paulo Pinto/Foros Públicas

Em 7 de abril de 2018, em frente ao Sindicato dos Metalúrgicos do ABC, à frente do ato interreligioso que antecedeu a apresentação de Lula à polícia e sua prisão por 580 dias.

Foto: Ricardo Stuckert/Divulgação

Em maio de 2022, às vésperas da campanha eleitoral que resultaria no terceiro mandato do presidente Lula, Dom Angélico celebra seu casamento com a socióloga Janja da Silva.

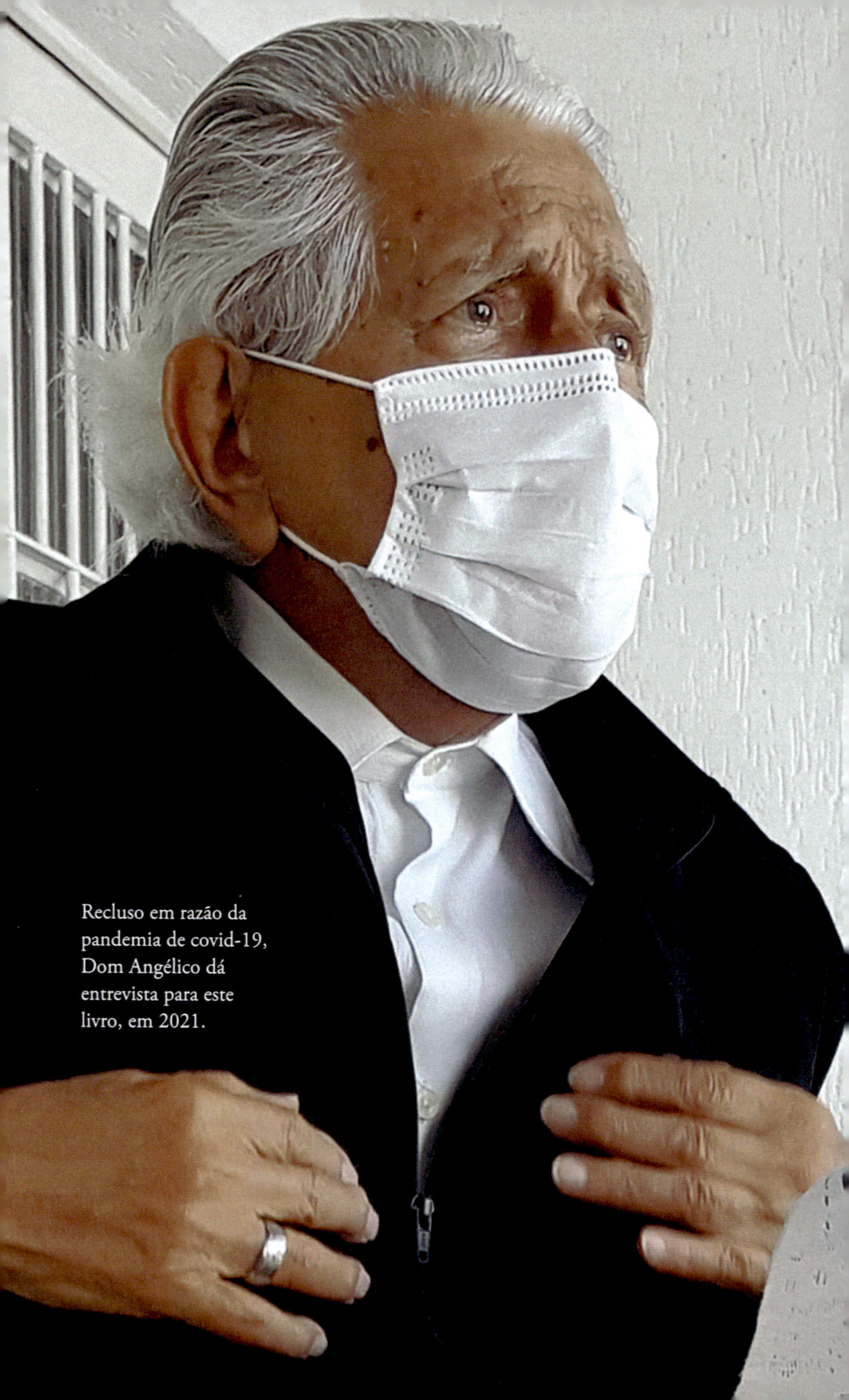

Recluso em razão da pandemia de covid-19, Dom Angélico dá entrevista para este livro, em 2021.

5

O bispo que marchava com os trabalhadores

Angélico virou Dom Angélico numa tarde de sábado, 25 de janeiro de 1975. Fundada em 25 de janeiro de 1554, a cidade de São Paulo completava "421 anos de contrastes", conforme a manchete estampada na primeira página do jornal *Folha de S.Paulo* naquele dia. Numa iniciativa inédita na história da Igreja Católica no Brasil, quatro padres foram ordenados bispos numa mesma cerimônia, às 17h na Catedral Metropolitana. Ao lado de Dom Angélico, estrearam como bispos-auxiliares Dom Mauro Morelli, Dom Francisco Manuel Vieira e Dom Joel Ivo Catapan.

De manhã, na missa celebrada em homenagem ao aniversário de São Paulo, também na Sé, Dom Paulo fizera um discurso firme, como de costume, e um apelo para que paulistanos e paulistanas colocassem o povo no centro de suas preocupações. Segundo o arcebispo, era preciso "apagar a imagem negativa de que a grandeza da cidade esmaga e oprime os humildes". Em seguida, não poupara críticas à capital dos paradoxos: terra de riquezas e oportunidades, aquela era também a cidade das favelas, das periferias, onde o cidadão, segundo Dom Paulo, vivia "esquecido do progresso, sem água, sem esgoto, e distante do que podemos chamar de uma vida em comunidade".

Dom Angélico foi o escolhido para discursar na missa da tarde, em nome dos quatro bispos recém-ordenados. Logo após a entrega das insígnias episcopais – anel, báculo e mitra –, falou para uma audiência de 3 mil pessoas:

– Procuraremos dar a nossa vida para que esta cidade de São Paulo, construída pela inteligência, entusiasmo, suor e lágrimas dos homens, conheça as dimensões de um coração novo, repleto de santidade, do amor de nosso Deus e Senhor.

Cada bispo-auxiliar assumiu uma região episcopal. Dom Joel foi designado para a região Norte. Dom Mauro, para a região Sul. Dom Francisco, para Osasco. E Dom Angélico, para a Leste. No final daquele ano, a equipe de Dom Paulo ganharia mais um reforço: Dom Antônio Celso Queiroz, bispo-auxiliar da região do Ipiranga. Considerando os dois bispos-auxiliares que já acompanhavam Dom Paulo – José Thurler e Benedito de Ulhôa Vieira –, a Arquidiocese passou a contar com sete bispos-auxiliares. O grupo chegaria a nove no final da década.

A região episcopal atribuída a Dom Angélico era a maior de todas. Sua jurisdição reunia 3 milhões de pessoas, enquanto todas as regiões somadas chegavam a 10 milhões. A taxa de crescimento populacional era de 4% ao ano, quase o dobro da registrada no país, então na casa dos 2,4%. Contribuía para isso o fluxo migratório. Era ali, na colossal Zona Leste, que se instalava, irremediavelmente em condições precárias, a imensa maioria dos 400 mil retirantes que partiam, todos os anos, das áreas mais castigadas pela fome e pela seca rumo ao "Sul-maravilha".

– Benza Deus, aquilo era uma cidade – Dom Angélico compara. – Uma cidade em termos de população e de extensão. E um país em termos de diversidade cultural.

Dom Paulo não havia mentido quando escrevera, em outubro do ano anterior, que, uma vez transferido para São Paulo, Dom Angélico iria se sentir "mais útil à Igreja e ao mundo". Havia muita coisa a ser feita.

Dom Angélico foi morar numa casa em frente à igreja de São José, no Belenzinho. De lá até o fundão da Leste, onde o Itaim Paulista encontra Poá e Itaquaquecetuba, era tudo sua "jurisdição". De um dia para o outro, o menino que cresceu descalço, num bairro com uma única rua no interior de São Paulo, tornava-se responsável por uma população dez vezes maior do que a de Ribeirão Preto, então com cerca de 280 mil habitantes.

Era tudo superlativo na conturbada Zona Leste. Muita gente, quase sempre muito pobre, enfrentava distâncias muito grandes e desigualdades ainda maiores. Em poucos meses, Dom Paulo passou a pleitear mais um bispo-auxiliar junto ao núncio apostólico, representante do papa no Brasil. O cardeal entendeu que a Leste era tão populosa e com uma realidade tão complexa que precisaria de dois bispos-auxiliares. Seguiu-se um longo período de negociação, primeiro pela vaga e depois para decidir quem a ocuparia. Quando Dom Paulo declinou ao núncio o nome de quem havia escolhido para a função, o núncio orientou o cardeal a submeter uma lista tríplice ao Papa Paulo VI.

Apenas em maio de 1976, o oitavo bispo-auxiliar de São Paulo foi ordenado por Dom Paulo. Dom Luciano Mendes de Almeida era exatamente o nome que Dom Paulo tentara emplacar desde o início.

A região episcopal Leste foi dividida da seguinte forma: a porção localizada entre o Brás e a Penha, chegando a Sapopemba mais ao sul, foi batizada de Leste 1.

A porção seguinte, de Ermelino Matarazzo ao Itaim Paulista, e de São Mateus até Cidade Tiradentes, ganhou o nome de Leste 2. Mais tarde, a Leste 1 ficaria conhecida como região episcopal do Belém, enquanto a Leste 2 se tornou a região episcopal de São Miguel Paulista. Dom Paulo consultou Dom Angélico:

– Você fica no Belém ou vai para a Leste 2?

– Deixa que eu vou pro fundão! – Dom Angélico escolheu.

O primeiro endereço de Dom Angélico em São Miguel foi uma casinha no Parque Cruzeiro do Sul, na paróquia de Ermelino Matarazzo. Casa simples, de paredes brancas, onde o bispo cultivava roseiras no quintal. Só depois, no final da década, Dom Angélico foi morar ao lado da matriz, mais tarde transformada em catedral. De 1975 a 1989, a trajetória de Dom Angélico se confunde com a história da Zona Leste e com a história da Igreja de Dom Paulo, reconhecida pela atuação em defesa dos direitos humanos.

Uma das primeiras ações de grande repercussão tomadas por Dom Paulo na Arquidiocese foi a Operação Periferia. Abrindo a Campanha da Fraternidade de 1972, que teve como lema "Descubra a felicidade de servir", Dom Paulo propôs à população de São Paulo que se engajasse em ações que tivessem como cerne o acolhimento dos sem-teto e dos migrantes em situação de vulnerabilidade, bem como a inserção deles na sociedade. Um complexo mapeamento das comunidades mais vulneráveis e suas demandas urgentes foi feito em seguida, e o dinheiro levantado pela Campanha da Fraternidade foi utilizado para adquirir imóveis e instalar centros comunitários, creches, escolas e postos de saúde nos bairros. Dom Paulo entendia que não havia forma mais justa de empregar o dinheiro da Igreja. Como cereja do bolo, anunciou que venderia o palácio episcopal para que os recursos fossem destinados à Operação Periferia. "Foi também nessa hora que eu, como franciscano, me dei conta de que não podia viver num palácio cercado de dez mil metros de chão povoado das mais belas plantas, árvores e mesmo de animaizinhos de estimação", escreveu na autobiografia *Da esperança à utopia* (Sextante, 2001).

O Palácio Pio XII ocupava uma gleba muito bem localizada entre os bairros do Paraíso e Bela Vista, próxima aos Hospitais Beneficência Portuguesa e Oswaldo Cruz. Incluía o edifício principal e outras cinco casas, destinadas à residência de sete irmãs, oito irmãos e dois funcionários. Oito seguranças também se revezavam no local. Dom Paulo não se conformava em manter toda essa estrutura para jantar quase sempre sozinho – e na copa, porque a ideia de jantar sozinho num salão de banquetes o deixava perplexo. O então prefeito Figueiredo Ferraz tentou demovê-lo dos planos. Um grupo de senhores influentes acionou o Condephaat, órgão responsável pelo patrimônio histórico do Estado, para tentar impedir a venda. O processo de tombamento foi arquivado um ano depois, uma vez que o edifício não tinha valor artístico ou histórico, e, em junho de 1973, a propriedade foi finalmente vendida para uma incorporadora. "A venda, por cinco milhões de dólares, não significou apenas um gesto de despojamento, mas sobretudo uma condição para implantar centros de ação para leigos", escreveu Dom Paulo. Até o fim da década, ele calculava em mais de 1.200 o número de terrenos adquiridos para a Operação Periferia.

A Igreja de São Paulo transpirava opção preferencial pelos pobres por todos os poros. Além de deflagrar a Operação Periferia, Dom Paulo gravou na Igreja de São Paulo o carimbo da oposição às violações de direitos humanos praticadas pela ditadura. Dom Angélico ainda não tinha completado um ano em São Paulo quando se viu em meio a um dos episódios mais emblemáticos de resistência contra o arbítrio durante os "anos de chumbo". Em outubro de 1975, ele esteve ao lado de Dom Paulo num evento histórico: um ato ecumênico realizado na Sé em homenagem ao jornalista Vladimir Herzog, torturado até a morte no DOI-Codi de São Paulo.

Chefe do jornalismo da TV Cultura, Herzog tinha 38 anos quando foi chamado para prestar depoimento sobre seu envolvimento com o Partido Comunista Brasileiro, o PCB. Na manhã seguinte, um sábado, 25 de outubro, Herzog se apresentou por volta das 9h no local indicado. O DOI-Codi, cuja sigla significava Destacamento de Operações de Informação – Centro de Operações de Defesa Interna, ficava na esquina da Rua Tutóia com a Rua Tomás Carvalhal, no Paraíso. Documentos obtidos em 2013 pela Comissão Nacional da Verdade revelariam que, até aquele momento, cerca de 50 presos políticos tinham sido executados ali, a maior parte entre 1970 e 1973, quando o DOI fora chefiado pelo major Carlos Alberto Brilhante Ustra.

Naquele mesmo dia, por volta das 15h, o Serviço Nacional de Informação, em Brasília, recebeu a notícia de que Herzog tinha cometido suicídio. Uma farsa. Segundo a versão oficial, veiculada junto com uma fotografia produzida pela polícia, Herzog havia se enforcado com o cinto do uniforme, atado a uma grade a 1,63 metro do chão. Ocorre que o uniforme utilizado pelos detentos do DOI-Codi não tinha cinto. E Herzog tinha mais de 1,63 metro. Na fotografia distribuída à imprensa, é possível ver suas pernas dobradas, os pés arrastando no chão. Herzog não havia tirado a própria vida. Como se confirmou mais tarde, ele tinha sido torturado até a morte e, em seguida, colocado naquela posição para a foto.

A tradição judaica manda sepultar os suicidas numa ala específica, normalmente nas bordas do cemitério. O rabino Henry Sobel, da Congregação Israelita Paulista, recém-chegado ao Brasil e com apenas 31 anos, foi dar uma espiada enquanto o corpo, transferido para o velório do Hospital Albert Einstein, no Morumbi, era preparado para o sepultamento. Ali, pôde conferir as marcas da tortura. Discretamente, orientou que o corpo fosse enterrado no centro do cemitério, decisão que confrontava a versão oficial e incomodou os setores mais conservadores da comunidade judaica.

Dom Paulo esteve no enterro. No dia seguinte, diretores do Sindicato dos Jornalistas Profissionais de São Paulo foram à sua casa para fazer um pedido. Queriam que ele celebrasse uma missa de sétimo dia em homenagem a Herzog na Sé. Dois anos e meio antes, o cardeal fizera algo parecido após o assassinato de outra vítima fatal da repressão, o estudante da USP Alexandre Vannucchi Leme, torturado até a morte, aos 22 anos, no mesmo DOI-Codi. Agora, não haveria de ser diferente. Dom Paulo lembrou aos sindicalistas que Herzog não era católico. O ideal seria organizar um ato ecumênico. "O reverendo Jaime Wright representou as diversas denominações cristãs, e o rabino Henry Sobel, ainda um tanto desconhecido em São Paulo naquela época, pronunciou a bela exposição judaica bem adaptada ao momento trágico", escreveu em suas memórias. Ainda segundo Dom Paulo, foi o "evento mais marcante da ação ecumênica".

Dom Angélico, jornalista, ficara consternado com tamanha truculência contra seu colega de profissão. Esteve no culto ecumênico, ombro a ombro com Dom Paulo, auxiliando na liturgia. Menos de três meses depois, em 17 de janeiro, outra pancada: Manoel Fiel Filho, operário metalúrgico que vivia na Vila Guarani, em Sapopemba, teve idêntico destino de Herzog. Interrogado pelos agentes do DOI-Codi, foi torturado até a morte e, mais uma vez, divulgou-se a versão de suicídio.

Dessa vez, a missa de sétimo dia foi celebrada por Dom Angélico lá mesmo, em Sapopemba, na Paróquia Natividade do Senhor, a 200 metros da casa onde o operário morava. A opção da missa no território foi feita para que os trabalhadores e suas famílias, mães e crianças, pudessem comparecer sem o estorvo do deslocamento até o centro – que invariavelmente lhes tomava duas horas para ir e duas para voltar. A pequena igreja, quase um galpão com portão de alumínio cercado por um jardim de terra batida, ficou abarrotada com cerca de 500 pessoas, entre as quais Clarice Herzog, viúva do jornalista Vladimir Herzog, morto três meses antes. Dom Angélico celebrou ao lado de nove padres com a firmeza habitual. O Sermão da Montanha, texto preferido de Dom Angélico, veio bem a calhar na segunda leitura: "Bem-aventurados os que são perseguidos por causa da justiça, porque deles é o Reino dos Céus". Em seguida, a homilia:

– Quem não está vendo Deus a falar da morte triste do metalúrgico Manoel Fiel Filho? – Dom Angélico discursou. – Como tantos outros, ele foi torturado? Morreu em consequência de maus-tratos? Mas há quem duvide ter-se transformado o DOI-Codi do II Exército em casa de horrores, onde os presos são submetidos a terríveis constrangimentos e violências, para vergonha dos homens dignos deste país.

Aquelas duas mortes, ocorridas quase na sequência e em condições similares, provocaram a queda do general Ednardo d'Ávila Mello, então comandante do II Exército, três dias após a divulgação da morte do operário. O terrorismo como política de Estado, no entanto, não cedeu. Em 1977, a invasão da PUC de São Paulo por 500 soldados fortemente armados, sob o comando do Coronel Erasmo Dias, então secretário de Segurança Pública do Estado, resultou na prisão de 1,5 mil estudantes e em dezenas de internações. Bombas lançadas pelas forças de segurança destruíram vidraças e provocaram queimaduras de segundo e terceiro graus em muitos alunos da universidade católica. Salas de professores foram reviradas, livros foram pisoteados.

Mas foi um episódio em 1979 que abalou de forma excepcional o coração de Dom Angélico. No início da tarde de 30 de outubro, ele estava reunido com Dom Paulo e os outros bispos-auxiliares numa sala da Cúria Metropolitana quando chegou a notícia. Outro operário havia sido vítima da repressão, dessa vez abatido a bala, à luz do dia, diante de dezenas de companheiros. Era o Santo.

Operário na Filtros Mann, uma fábrica da Zona Sul, Santo Dias da Silva morava com a mulher, Ana Maria, e os dois filhos num loteamento na Vila Remo, próximo à Represa de Guarapiranga, sem saneamento, água encanada, transporte, escola ou posto de saúde. Militante da oposição sindical, ele havia integrado uma chapa que concorrera à diretoria do Sindicato dos Metalúrgicos de São Paulo no ano anterior. Mesmo derrotado, exercia influência sobre os operários das regiões de Santo Amaro, onde trabalhava, e Capela do Socorro, onde costumava militar. Dois dias antes, trabalhadores em campanha salarial haviam dado início a uma greve. Lideranças como Santo Dias visitavam as fábricas nos horários de troca de turno para dialogar com os peões, distribuir panfletos e convencê-los a aderir à paralisação. Eram os piquetes.

Na hora do almoço do dia 30, Santo Dias foi chamado pelos companheiros para reforçar um piquete na porta da Sylvania, na Rua Quararibéia, quase esquina com a Avenida Nossa Senhora do Sabará. Ao chegar, Santo notou a presença de dois policiais. Os agentes discutiam com os grevistas e ameaçavam indiciá-los na Lei de Segurança Nacional. O artigo 32 da referida lei previa pena de dois a seis anos de reclusão para quem promovesse greve, enquanto o artigo 33 estabelecia pena de um a três anos para quem incitasse publicamente a subversão da ordem, a desobediência às leis e a luta de classes.

De repente, começou um empurra-empurra e um dos soldados atirou para o céu. Os operários se dispersaram, o que não impediu que o policial mirasse e disparasse contra Santo Dias. Ferido de morte, Santo foi levado pelos policiais até um camburão. Pegaram seus documentos e pareciam determinados a desaparecer com o corpo quando Ana Maria, sua esposa, entrou no camburão junto com ele e não arredou o pé dali. A essa altura, profissionais da imprensa já cercavam o camburão e preparavam-se para segui-lo.

Na Cúria, Dom Paulo comentou com Dom Angélico:

– O corpo do Santo está indo para o IML. Vamos até lá.

Dom Angélico e Dom Paulo eram amigos de Santo Dias. O metalúrgico tinha 37 anos e era membro da Pastoral Operária, a mais antiga pastoral social do Brasil, criada na Arquidiocese de São Paulo em 1970 e coordenada por Dom Angélico a partir de 1975.

Na Igreja de Dom Paulo, havia dois sistemas paralelos de divisão dos trabalhos. Nas palavras do cardeal, os bispos-auxiliares deveriam ser responsáveis por uma parte da cidade e também pela cidade inteira. Com esse pensamento, Dom Paulo buscava impedir que os bispos ficassem encastelados em feudos sem conhecer a realidade mais ampla da Arquidiocese. Em relação à cidade toda, a divisão seria temática, conforme os diferentes campos de atuação que o trabalho pastoral exigia. Assim, cada um assumiu uma região geográfica e ficou responsável por uma pastoral. Dom Luciano, por exemplo, era bispo do Belém e coordenador da Pastoral do Menor. Dom Joel, bispo de Santana, ficou com a Pastoral da Juventude. Coube a Dom Angélico a Pastoral Operária, honroso desafio aceito por ele num dos períodos mais turbulentos da história da República, quando eclodiram as maiores greves do país, em São Paulo e no ABC Paulista.

– O papel da Pastoral Operária é alimentar a fé dos trabalhadores para que essa fé os motive a lutar pelos direitos da classe trabalhadora – diz o escritor Frei Betto, que foi assessor da Pastoral Operária da Diocese de Santo André nos primeiros anos da década de 1980. – A Pastoral Operária não é, em si, um movimento social. É como um posto de gasolina, que oferece aos trabalhadores o combustível da fé. O importante não é ficar no posto, mas voltar para a estrada depois de abastecido. Os trabalhadores se abastecem na Pastoral Operária e retornam a seus movimentos para atuar neles como militantes cristãos.

Paulo Pedrini, atual coordenador, diz que foi graças à criação da Pastoral Operária que a realidade do mundo do trabalho pôde ser incorporada às práticas da Igreja.

– É uma missão de mão dupla – diz Pedrini. – Ao mesmo tempo em que a pastoral é a presença da Igreja no meio dos trabalhadores, ela também leva a realidade dos trabalhadores para o seio da Igreja.

Santo Dias foi um dos principais líderes da Pastoral Operária na Zona Sul. "Um cara pacificador, do diálogo, que buscava conter os companheiros mais exaltados", segundo Pedrini. Naquele dia 30 de outubro de 1979, já estava escuro quando Dom Angélico e Dom Paulo chegaram ao Instituto Médico Legal. O cardeal foi entrando, sem pedir licença, e o bispo-auxiliar foi atrás. Encontraram o corpo do Santo nu, de bruços, sobre uma mesa fria, utilizada em exames necroscópicos. Ana Maria aguardava junto à porta. A chegada do cardeal e de Dom Angélico foi um alívio para a viúva, que vinha escutando toda sorte de ofensas por parte dos policiais: "vagabundo", "comunista", "subversivo", "agitador", "arruaceiro".

– Olha o que fizeram com o meu Santo! – Ana Maria chorava.

Dom Paulo apoiou o dedo indicador no buraco da bala e rezou o Pai-Nosso.

– Vejam o que vocês fizeram! Vejam o que vocês fizeram!

Dom Angélico se lembrou do centurião romano que atravessou com uma lança o tórax de Cristo durante a crucificação. Agora era um soldado que impunha ao operário semelhante martírio. Aquela bala era a lança do centurião.

– Santo Dias foi um mártir – diz Dom Angélico. – Um discípulo de Jesus que entregou a vida em defesa dos trabalhadores, numa greve justa, reivindicando direitos.

Diante da recusa de Ana Maria em velar seu companheiro na Assembleia Legislativa – onde nunca lhes fora permitida a entrada – ou na sede do Sindicato dos Metalúrgicos de São Paulo – onde a diretoria "pelega" havia derrotado a chapa de Santo um ano antes, numa eleição supostamente fraudada –, Dom Paulo sugeriu velar o corpo na Igreja da Consolação e, de lá, conduzir o caixão em procissão até a Sé.

Foi um cortejo de arrepiar. Quinze mil pessoas percorreram os 1.700 metros de distância entre a igreja e a Catedral. A multidão cantava versos de *Pra não dizer que não falei das flores*, de Geraldo Vandré – "Caminhando e cantando e seguindo a canção / somos todos iguais / braços dados ou não" –, e repetia as palavras de ordem entoadas por Dom Angélico como se fosse uma orquestra regida por ele:

– Companheiro Santo, você está presente! O povo unido jamais será vencido!

Ana Maria marchou o tempo todo ao lado do caixão e de Dom Angélico. Os filhos Santo Dias Filho, o Santinho, e Luciana, com 13 e 11 anos, respectivamente, foram no carro do cardeal.

– O caixão chegou quebrado à Catedral, com o fundo soltando, e tiveram de trocar – conta a menina, hoje com 53 anos. – Eu via aquela multidão e só pensava no meu pai.

Na missa de corpo presente, realizada na Catedral na hora do almoço, um operário e Dom Angélico fizeram as leituras da palavra, cabendo a Dom Paulo a homilia.

No ano seguinte, o metalúrgico da Vila Remo foi homenageado com a criação do Centro Santo Dias de Direitos Humanos. Seu primeiro presidente, o promotor de Justiça Hélio Bicudo, considerava Dom Angélico "a voz dos que não tinham vez". "Durante os anos de chumbo impostos pela ditadura militar há bem pouco tempo, ele enfrentou a repressão com coragem e audácia", escreveu em 2012, no livro *Dom Angélico Sândalo Bernardino: Bispo profeta dos pobres e da justiça*. Em entrevista concedida a mim, para o dominicano Frei Betto, preso político de 1969 a 1973, Dom Angélico é "um homem extremamente amoroso e generoso, mesmo quando atacado ou ofendido, e de uma coragem evangélica invejável".

Como coordenador da Pastoral Operária da Arquidiocese de São Paulo, Dom Angélico também acompanhou de perto as greves que chacoalharam o ABC Paulista entre 1978 e 1980. ABC é uma microrregião da Grande São Paulo formada pelos municípios de Santo André, São Bernardo do Campo, São Caetano do Sul (daí a sigla ABC), Diadema, Ribeirão Pires, Rio Grande da Serra e Mauá. Nessa região ficavam as maiores metalúrgicas do país, entre as quais se destacavam as transnacionais do setor automobilístico como Volkswagen, Ford, Mercedes-Benz e Scania.

Embora inscritas na Diocese de Santo André, as fábricas tinham um número muito alto de trabalhadores que moravam na região episcopal de São Miguel e que, sem opções de emprego perto de casa, percorriam longos trajetos para trabalhar naquelas montadoras. Assim, Dom Angélico tinha muitos operários do ABC em seu rebanho, o que acabou contribuindo para que ele, naquele período, se aproximasse de algumas das principais lideranças sindicais de São Bernardo do Campo e Santo André. O bispo-auxiliar de São Miguel chegou a colaborar, por exemplo, com o fundo de greve, criado para armazenar alimentos e outros produtos de primeira necessidade com a finalidade de amparar as famílias dos metalúrgicos nos longos períodos de paralisação, quando o pagamento de salários ficava suspenso.

A função que exercia na Pastoral Operária também conferiu a Dom Angélico certo protagonismo na visita do Papa João Paulo II a São Paulo, em 3 de julho de 1980. Era a primeira vez que um papa visitava o Brasil. Ao longo de doze dias, havia estado em treze capitais e em Aparecida (SP). A passagem por São Paulo foi intensa. Em menos de 24 horas, o papa desfilou em carro aberto, celebrou missa no Campo de Marte, encontrou cerca de 10 mil irmãs no Ginásio do Ibirapuera, falou para 140 mil pessoas no Estádio do Morumbi e encerrou a noite num encontro ecumênico no Colégio Santo Américo.

Ponto alto da visita a São Paulo, o ato no estádio do Morumbi foi oficialmente intitulado "encontro com os operários". No palco, debaixo de chuva e sob um frio de 11 graus, Dom Angélico e Dom Paulo, ladeados por Dom Celso e Dom Fernando, fizeram as honras da casa e tudo o que estava a seu alcance para garantir a participação do metalúrgico Waldemar Rossi, membro da pastoral e da oposição sindical de São Paulo. Preso duas vezes pela ditadura e torturado no Dops de São Paulo em 1974, Rossi havia escrito um discurso de catorze parágrafos, que se estenderia por doze minutos cronometrados. Em sua fala, denunciaria o desemprego, o custo de vida, a perseguição aos trabalhadores, a truculência policial e as violações de direitos que ainda persistiam no país.

Foi obrigado a reduzir o texto na hora, sob a alegação de que não haveria tempo para ler tudo. Leu apenas três parágrafos e, emocionado, abraçou o Papa aos prantos.

– Não chorei por nervosismo, imagine, mas por conta da pressão por ter de cortar meu depoimento – Rossi declarou em entrevista ao jornal *O Estado de S. Paulo*, vinte e sete anos depois. – Só deixei o começo e a última parte. O miolo, que era o trecho mais pesado, com denúncias claras contra os ataques aos sindicalistas, ficou de fora.

Depois dele, o papa falou por uma hora.

– O bem comum requer que a sociedade seja justa – discursou. – A primeira e fundamental preocupação de todos e de cada um deve ser esta: dar trabalho a todos. [...] A economia só será viável se for humana, para o homem e pelo homem.

Por fim, como se ele, um papa conservador, tivesse incorporado o progressista Paulo VI ao desembarcar em São Paulo, o Papa João Paulo II repetiu algumas vezes, em português, o que parecia assumir a forma de um mantra:

– Justiça social! Justiça social!

6

O militante que peitou o governador

Em 1980, a região episcopal de São Miguel Paulista tinha cerca de 1,7 milhão de habitantes, o equivalente à soma das populações de Campinas, Santo André e Guarulhos – respectivamente o segundo, o terceiro e o quarto municípios mais populosos do Estado. Apesar de toda essa gente, havia na região um único hospital público e uma única creche da Prefeitura. Em Guaianases, um dos distritos mais estigmatizados, uma em cada dez crianças morria antes de completar um ano. As estatísticas também colocavam Guaianases no topo do ranking da criminalidade.

Ao longo dos anos 1980, a atuação de Dom Angélico ajudaria a pavimentar mudanças profundas na paisagem urbana e na realidade social de São Miguel. Seus contemporâneos na Igreja e nos movimentos sociais costumam apontá-lo como um bispo de vanguarda, respeitado pela ousadia, muito parecido com Dom Paulo no sentido de "colocar o dedo na ferida", dizer o que precisava ser dito e fazer o que precisava ser feito.

– Ele era o Dom Paulo na ponta, o mais subversivo dos bispos-auxiliares – diz o teólogo Fernando Altemeyer Junior, da PUC.

– Sempre foi o mais incisivo, o mais contundente, aquele que tirava as pessoas da zona de conforto – afirma padre Júlio Lancellotti, vigário episcopal do povo da rua.

No capítulo que escreveu para o livro *Dom Angélico Sândalo Bernardino: bispo profeta dos pobres e da justiça*, organizado por Waldir Aparecido Augusti (ACDEM, 2012), Dom Mauro Morelli destacou o comprometimento e a sensibilidade de Dom Angélico. "Um homem corajoso e, ao mesmo tempo, sensível para com quem sofre", escreveu. Entre 1975 e 1981, Dom Mauro foi bispo-auxiliar da região episcopal Sul, mais tarde transformada nas dioceses de Campo Limpo e Santo Amaro, e hoje é bispo emérito de Duque de Caxias (RJ). Para Dom Celso, que foi bispo-auxiliar do Ipiranga nos anos 1970 e 1980, e, mais tarde, bispo emérito de Catanduva (SP), "Angélico era a voz profética, decidida e firme". É o que ele diz na mesma obra, organizada por Waldir. Em outro trecho, Dom Celso conta que o amigo era muito requisitado para defender o povo em suas justas reivindicações. "Incansavelmente, corria de um lado para outro, impedindo que o povo fosse expulso de uma invasão, defendendo a posse de terrenos cobiçados pela especulação imobiliária e até deitando-se na linha férrea", escreveu.

Esse episódio é um dos mais significativos da trajetória de Dom Angélico. Em agosto de 1977, um trem de subúrbio da Central do Brasil se chocou com um ônibus no bairro de Arruda Alvim, região de São Miguel, matando vinte e duas pessoas e ferindo outras. Não havia cancela para impedir que ônibus e automóveis avançassem sobre a ferrovia durante a passagem do comboio. Em toda a extensão do ramal ferroviário, mais tarde aproveitado pela CPTM, colisões e atropelamentos eram frequentes. Aquele acidente foi a gota d'água. A população, indignada, providenciou um abaixo-assinado exigindo a colocação imediata de cancelas nos cruzamentos entre a ferrovia e as ruas, e, no médio prazo, o fechamento desses cruzamentos e sua substituição por viadutos e passarelas. Foram colhidas 30 mil assinaturas. Nada aconteceu.

Em setembro, após uma assembleia em que se discutiu o que fazer, Dom Angélico foi a público avisar que as missas de domingo estariam suspensas e que todos os católicos de São Miguel estavam convidados a irem se sentar no trilho de trem junto com ele. Ficariam todos ali, obstruindo a passagem, até que a reivindicação fosse atendida. Dias depois, as cancelas foram instaladas e um plano de obras começou a sair do papel.

Dom Angélico escancarou as portas de sua igreja para acolher as reivindicações populares. Sob sua condução, a matriz de São Miguel tornou-se local de oração, mas também de reivindicação. "Sempre me impressionaram muito as plenárias que se realizavam dentro da Igreja Matriz de São Miguel, com a presença de Dom Angélico, às quais compareciam milhares de pessoas para discutir os problemas de seus bairros", escreveu, em 2012, a ex-prefeita Luiza Erundina, que conheceu o bispo em meados dos anos 1970, quando trabalhava como assistente social na Zona Leste. "Dom Angélico não só presidia as plenárias, estimulando e contribuindo com a reflexão da população sobre os problemas da comunidade, como também participava pessoalmente das ações e dos movimentos de pressão sobre os governos, denunciando as carências do seu povo e exigindo soluções para os inúmeros problemas que até hoje o afligem no seu dia a dia."

Não demorou para que a igreja ficasse pequena para as assembleias convocadas por Dom Angélico e pelos movimentos sociais de São Miguel. Foi preciso ocupar a praça em frente, oficialmente chamada de Praça Padre

Aleixo Monteiro Mafra e popularmente conhecida como Praça do Forró, porque sempre as atividades culturais de domingo terminavam numa grande festa regada a xote, baião e cerveja. Uma vez, em 1987, uma assembleia campal nessa praça juntou mais de 5 mil pessoas, segundo a imprensa – os organizadores calcularam em 20 mil –, que decidiram ocupar a sede da administração regional. Nesse dia, o secretário municipal de Habitação havia confirmado presença na plenária. Como ele não apareceu, o povo decidiu pôr em votação a proposta de ocupar a administração regional como forma de fazer pressão. Dom Angélico se pronunciou contrário à ocupação. Mas, como a opção por ocupar foi vencedora, não hesitou em se somar aos protestos. Quando o resto do povo chegou à administração regional, lá estava Dom Angélico. "Vamos ocupar a casa do povo!", exortava.

Houve outros momentos de inflexão semelhantes àquele. Ministro do Desenvolvimento Agrário e da Reforma Agrária, o deputado federal licenciado Paulo Teixeira morou em São Miguel na juventude e não esquece o dia em que Dom Angélico peitou o então governador de São Paulo, Orestes Quércia.

– Nos anos 1980, as ruas não tinham asfalto, esgoto nem iluminação – lembra. – As comunidades lutavam por saneamento, luz, creche, escola e moradia.

Certo dia, em 1987, soldados da Polícia Militar avançaram com truculência sobre uma ocupação no Itaim Paulista, provocando ferimentos em mais de quarenta pessoas. Dom Angélico acusou o governador Orestes Quércia, recém-empossado, de ser omisso e criminoso depois do episódio. "D. Angélico acusa governo do Estado de 'atitude canalha'", estampou o jornal *Folha de S.Paulo* no dia 25 de abril.

– Quércia respondeu que não brigaria com o bispo para não correr o risco de ir para o inferno – conta o ministro, que foi administrador regional de São Miguel de 1991 a 1993.

Ainda assim, a despeito do timbre inflamado e do temperamento intempestivo, que os amigos costumavam atribuir ao "sangue italiano" do bispo, o protesto surtiu efeito. Meses depois, a Assembleia Legislativa aprovou um incremento de 1% no ICMS a fim de bancar a construção de moradias populares e o governo reestruturou o órgão que, em seguida, foi batizado de Companhia de Desenvolvimento Habitacional e Urbano (CDHU). Uma política estadual para a habitação começava a ser implementada.

Dom Angélico se fez presente, como protagonista ou apoiador, nas mais diferentes reivindicações do povo pobre e periférico naqueles combativos anos 1970 e 1980. Ajudou a acolher na Zona Leste os cursos de formação política do Centro de Educação Popular do Instituto Sedes Sapientiae (Cepis). Esteve ao lado de Paulo Freire em palestras sobre educação popular e emancipação. Trabalhou junto com grupos de mães e da área de saúde para garantir a instalação de creches e hospitais onde esses equipamentos inexistiam.

De todas – e eram muitas –, a luta por moradia foi, muito provavelmente, a que mais se destacou na militância de Dom Angélico, e a que resultou em transformações mais significativas.

– O que conhecemos como movimento de moradia nasceu a partir do trabalho das pastorais, principalmente da Pastoral do Mundo do Trabalho, nos anos 1970, e das pastorais da Terra e da Moradia, nos anos 1980, que organizaram as primeiras campanhas bem-sucedidas por ocupação de terras e por regularização fundiária – diz o teólogo Waldir Aparecido Augusti, assessor das pastorais sociais de Ermelino Matarazzo.

Naquele período, a Igreja chegou a adquirir terrenos a fim de promover seu loteamento e sua conversão em conjuntos residenciais. Outras vezes, padres e bispos solidarizavam-se com os sem-teto e prestavam assistência social ou apoio jurídico nas dezenas de ocupações que pipocavam nas franjas da cidade. O padre Antonio Luiz Marchioni, conhecido como padre Ticão, foi, durante muitos anos, representante local da Pastoral da Terra e principal parceiro de Dom Angélico nas lutas por moradia. Pároco da Igreja São Francisco de Assis, em Ermelino Matarazzo, atuava na ponta, em acampamentos e mutirões, e chegou a ser preso em razão dessa atuação. Juntos, foram responsáveis por viabilizar loteamentos em toda a região de São Miguel. Padre Ticão faleceu no primeiro dia de 2021.

Um trágico episódio ocorrido na Zona Leste contribuiu para a criação da Pastoral da Moradia. Em março de 1987, dias antes do entrevero entre Dom Angélico e Orestes Quércia, o pedreiro Adão Manoel da Silva, de 29 anos, foi morto com um tiro na cabeça, disparado por um dos mais de 150 agentes da Guarda Civil Metropolitana enviados ao Jardim Nazaré, distrito de Itaim Paulista, para uma reintegração de posse. O terreno, vazio, pertencia à Prefeitura. Os trabalhadores haviam dado início à construção das primeiras casas, em sistema de mutirão. Ao chegar, os guardas derrubaram as paredes que já tinham sido erguidas e agrediram os acampados, que revidaram com pedras, culminando nos disparos. O episódio está documentado no curta *Há lugar: ocupações na Zona Leste*, de Julio Wainer e Juraci de Souza. No filme, de 1987, Dom Angélico explica o que chama de direito à terra:

> *Cabe ao poder público rever, mas rever profundamente, a situação da terra neste país. Para que nós tenhamos reforma agrária e reforma urbana. Porque a terra que está sem função social é uma terra roubada, uma terra iníqua. Não é justo. A lei que protege a malfadada propriedade particular sem função social tem que ser mudada. A Constituinte, se não fizer isso, será uma Constituinte de lixo. A serviço do luxo, e não do povo brasileiro.*

Dom Angélico volta à cena em outro trecho do filme:

> *Eu sempre digo que a ocupação não resolve, mas ela é um sinal, sacode aqueles que dormem. Colocam, inclusive, o governo correndo um pouco. [...] O sistema reage dessa forma. Quando ele percebe que o povo se organiza, se mobiliza em determinado lugar, então o sistema corre e oferece logo 20 mil casas para a população.*

A Pastoral da Moradia foi fundada seis meses depois, como desmembramento da Pastoral da Terra. Em 1988, a Constituição Federal recepcionou o conceito de função social da propriedade em seu artigo 5º. Nos incisos XXII, XXIII e XXIV, a Carta Magna garante o direito de propriedade, determina que "a propriedade atenderá a sua função social" e define que "a lei estabelecerá o procedimento para desapropriação por necessidade ou utilidade pública, ou por interesse social, mediante justa e prévia indenização em dinheiro, ressalvados os casos previstos nesta Constituição".

Ainda hoje, o conceito de função social da propriedade não tem sido suficiente para coibir a especulação imobiliária e garantir aos mais pobres o direito à moradia. Mas é inegável que, ao longo das décadas de 1980 e 1990, a atuação da Igreja Católica junto aos movimentos sociais logrou garantir a regularização de muitos lotes, levando infraestrutura e equipamentos para muitos bairros que nasceram de ocupações.

O legado de Dom Angélico é perceptível em muitas conquistas sociais que ele ajudou a catalisar e nas muitas homenagens feitas a ele, em vida, sobretudo no fundão da Zona Leste. No distrito de Cidade Tiradentes, a 35 quilômetros da Praça da Sé, foi inaugurado, em 2009, o Conjunto Residencial Dom Angélico, antiga ocupação que foi regularizada e construída nos anos 2000, com 221 lotes. Há, também, a UBS Dom Angélico, inaugurada em 1996, fruto de uma importante reivindicação do movimento de saúde local. E uma escola de Ensino Fundamental, a Escola Estadual Jardim Dom Angélico, no Conjunto Habitacional Sítio Conceição, também na Cidade Tiradentes.

Nos quinze anos em que atuou em São Miguel, Dom Angélico nunca deixou de lado a atividade de jornalista. Além de atuar como bispo-auxiliar e coordenador da Pastoral Operária, foi designado por Dom Paulo para ser o jornalista responsável pelo jornal *O São Paulo*, semanário da Arquidiocese fundado em 1956.

– Acho que ele me escolheu por exclusão, porque eu tinha a carteirinha do sindicato e alguma experiência anterior no *Diário de Notícias* – justifica, modesto.

Quando ainda era bispo-auxiliar na região Norte, o próprio Dom Paulo fora diretor de *O São Paulo*, e manteve a função por algum tempo, mesmo depois de se tornar arcebispo. O semanário, receptivo à ditadura militar por ocasião do golpe – como quase toda a imprensa paulista na época, convencida de que o levante dos militares evitaria uma revolução comunista no Brasil –, foi corrigindo a linha editorial a partir de 1966, já sob Dom Paulo, e, em 1968, chegou a publicar manchetes contra a repressão. "Expulsão de padres: expulsão viola 'direitos do homem'" foi uma dessas manchetes, publicada em letras graúdas no topo da primeira página da edição de 15 de dezembro de 1968, a primeira após o AI-5. "CNBB afirma: não confundimos a paz verdadeira com o silêncio imposto pelo medo" e "Ditadura mata operário cristão" foram outras.

Ao longo dos anos 1970 e 1980, *O São Paulo* foi um importante canal de denúncia da violência praticada pela repressão e um veículo comprometido com a defesa dos direitos humanos, contribuindo inclusive para a divulgação desse conceito. Em 1973, às vésperas do aniversário de 25 anos da Declaração Universal dos Direitos Humanos, a equipe do jornal editou e distribui 200 mil exemplares de um livreto com a íntegra daquele documento da ONU, acrescido de citações da Bíblia para cada artigo e de algumas das declarações oficiais mais importantes do Conselho Mundial de Igrejas e da Igreja Católica. Houve outra edição em seguida e, em 1978, na efeméride dos 30 anos, outras duas edições, de 500 mil e 1 milhão de exemplares respectivamente.

O São Paulo foi censurado de diferentes formas, com maior ou menor intensidade conforme a conjuntura, entre 1971 e 1978. Num primeiro momento, as orientações chegavam por telefone: corta isso, muda aquilo. A partir de 1976, o controle se tornou mais rigoroso. Uma cópia impressa da edição, com todas as reportagens, fotografias e anúncios, deveria ser encaminhada à sede da Superintendência Regional do Departamento da Política Federal de São Paulo, na Rua Xavier de Toledo, 280, terceiro andar, até às 17h de quinta-feira. As regras foram especificadas num ofício de 26 de julho de 1976. "Cumpre esclarecer que não será permitida a substituição da matéria vetada, sendo obrigatório o preenchimento de espaços relativos aos vetos que ocorrerem com o material normalmente aprovado", dizia o texto. "E, se não houver, o editor diminuirá o número de páginas da edição." O documento ainda explicitava que três exemplares corrigidos deveriam ser levados ao mesmo endereço para "conferência e liberação, se for o caso".

A partir daquele dia, as edições de *O São Paulo* passaram a exibir, com frequência, amplos espaços em branco disfarçados de "calhau", jargão que designa o anúncio do próprio veículo e que é usado, geralmente, quando um espaço reservado para a publicidade não é comercializado a tempo. No centro do espaço em branco, uma única frase: "Leia e divulgue O SÃO PAULO".

Em 20 de agosto de 1982, uma edição falsa do jornal circulou com a seguinte manchete: "Mea culpa". Sob ela, uma fotografia de Dom Paulo. A suposta reportagem atribuía ao cardeal declarações de autocrítica e um hipotético compromisso de operar mudanças na Igreja de São Paulo. "O cardeal Arcebispo de São Paulo, D. Paulo Evaristo Arns, em visita à redação deste semanário, fez entrega de uma mensagem que representa um verdadeiro grito de alerta ao povo brasileiro", dizia o texto, nem sempre escrito com o rigor habitual, mas com uma paginação e uma fonte que em muito se assemelhavam ao verdadeiro jornal. "Acompanhado de D. Angélico Sândalo Bernardino e Pe. Ismael Martignago, respectivamente diretor e redator chefe de *O São Paulo*, o cardeal Arns reuniu representantes do Conselho Editorial, da Redação e alguns colaboradores para apresentar novas diretrizes de atuação para a Arquidiocese de São Paulo. 'Minha mensagem representa um Mea Culpa por tudo aquilo que vem acontecendo de errado na Igreja do nosso tempo' – disse emocionado o Cardeal Arns."

Em seguida, ainda como se reproduzisse falas de Dom Paulo, o jornal fraudulento tecia críticas ao marxismo e a "estranhas teologias que pretendem acobertar desde a desobediência silenciosa até a discordância explícita". Os responsáveis pela falsificação nunca foram identificados.

Simultaneamente à direção de *O São Paulo*, Dom Angélico manteve um programa semanal na Rádio América AM, emissora católica dos irmãos Paulinos, que mais tarde passou a integrar a Rede Canção Nova de rádio. O programa "Bom dia, trabalhador!" era transmitido às 5h30 da manhã, de modo a encontrar os operários nas primeiras horas do dia a caminho das fábricas ou nas trocas de turnos. Não bastasse, Dom Angélico também editava os folhetos litúrgicos – aqueles que os fiéis acompanham durante a missa. Além da estrutura do rito eucarístico, dos cânticos e das leituras do Evangelho, Dom Angélico cuidava de introduzir comentários, ao longo do texto, que servissem de indicativos para a homilia e funcionassem como gatilhos para despertar a consciência dos presentes. Assim, uma passagem bíblica como a da cura do leproso por Jesus poderia merecer duas ou três linhas sobre a falta de hospitais em muitas comunidades e a importância de reivindicar melhorias no sistema de saúde.

Dom Angélico foi também o jornalista responsável – e principal fiador – do jornal *Grita Povo*, com edições mensais, num primeiro momento, e, a partir de 1984, quinzenais. O tabloide, lançado em 1982, era concebido, escrito e diagramado numa sala na torre da Igreja Matriz de São Miguel, sob a direção do então padre Carlos Strabelli. Depois de um número zero, publicado em julho, que trazia a frase "Cadê a abertura?" estampada na primeira página, junto a uma fotografia dos padres franceses Aristides Camio e François Gouriou – condenados pela Justiça Militar juntamente com treze posseiros por, supostamente, incitar a desordem e a violência na região do Araguaia –, o número 1 saiu em agosto, três meses antes da eleição para governador, senador e deputados federal e estadual. A manchete da primeira edição escancarava a postura combativa que se buscava imprimir ao jornal: "São Miguel é o maior reduto da oposição". O título se apoiava nos resultados do pleito de 1978, no qual a oposição obtivera 94% dos votos, segundo o jornal. No editorial, um apelo para que os leitores soubessem repetir a dose. "São Miguel sempre foi reduto da oposição. Esperamos que isso se repita no dia 15 de novembro, se tiver eleição, é claro", dizia o texto. "É preciso votar consciente [...] e selecionar os candidatos que irão defender, com unhas e dentes, os nossos direitos."

Ao longo dos primeiros meses, a equipe responsável pela produção editorial foi fazendo pequenos ajustes até encontrar o tom definitivo. Evitavam-se conceitos demasiadamente abstratos e palavras pouco conhecidas. Priorizavam-se, ao contrário, o relato do cotidiano, os comentários, as histórias de vida e um tipo de oposição calcado nos problemas reais da comunidade. Dom Angélico assinava os editoriais, os textos de opinião, invariavelmente estabelecendo pontes entre as lutas da gente da Zona Leste e o testemunho de Jesus Cristo. Em oito páginas, sucediam-se matérias e notas sobre loteamentos clandestinos, regularização fundiária, comunidades eclesiais de base, pastoral da terra, cultura popular, sucessão no Sindicato dos Metalúrgicos de São Paulo.

Tudo no *Grita Povo* buscava refletir as demandas da classe trabalhadora. Problemas como desemprego, desigualdade social, déficit de moradia, saneamento e infraestrutura ocupavam espaço nobre na publicação: uma pauta essencialmente local, que não encontrava repercussão nos jornalões, e por isso eram lidos, debatidos, fixados nas paredes das igrejas. Completando o cardápio de pautas e editoriais, textos que propunham superar e reparar o racismo, dar visibilidade aos direitos das mulheres (e àquilo que, anos depois, ficaria conhecido como equidade e paridade de gênero), combater a corrupção e a negligência dos governos foram preenchendo as páginas do jornal, entre charges, tirinhas e ilustrações, com linguagem simples e sem rodeios. Na primeira página, sob o título do jornal, o lema: "Um ato de legítima defesa".

– Tenho mania de fundar jornais – diz Dom Angélico. – E sou devoto dos pequenos meios de comunicação, porque esses são realmente lidos e ouvidos pelo povo.

Na opinião de Dom Angélico, a população de baixa renda não consome os veículos da chamada grande imprensa em razão do custo e da linguagem menos acessível. Quando cai um folheto em suas mãos ou chega um jornal concebido para ele, para sua região e sua classe social, aí ele lê. Nesse sentido, Dom Angélico sempre defendeu a produção de jornais populares e rádios comunitárias como instrumentos de formação na periferia. E sempre recomendou que fossem feitos pela própria comunidade, do povo para o povo, e batalhou para que projetos de comunicação popular ganhassem alguma centralidade e incentivos por parte da cúpula da Igreja, um apoio que nunca chegou.

Para produzir o *Grita Povo*, com colaboradores voluntários e apoio financeiro de uma organização católica da Alemanha, foi formado o Centro de Comunicação e Educação Popular "Manoel do Ó", precursor do Centro de Comunicação e Educação Popular de São Miguel Paulista, o CEMI, assim registrado em 1983. Além do jornal, a equipe do CEMI, liderada pelo padre Carlos Strabelli e pela jornalista Regina Festa, conduzia uma série de outros projetos de comunicação e formação popular, que incluía a edição de cartilhas, oficinas de vídeo e até a gestão de rádios populares, as "rádios-corneta", cuja programação era transmitida em alto-falantes fixados em postes nas comunidades.

– A proposta de Dom Angélico sempre foi capacitar as pessoas para se tornarem comunicadoras – conta, em entrevista concedida a mim, a jornalista e pesquisadora Regina Tavares de Menezes, que integrou a equipe do CEMI e pesquisou seus arquivos.

Tanto os jornais quanto as rádios, segundo Regina, não traziam apenas notícias, mas eram concebidos também com o compromisso de resgatar a memória da região. Dom Angélico, segundo ela, dizia que as pessoas só teriam voz se conhecessem a si mesmas, sua história e a de seus antepassados. Nas páginas do *Grita Povo*, os leitores se deparavam com personagens normalmente ocultados nos grandes grupos de mídia: Margarida Alves, Manoel Fiel Filho, Santo Dias. Além disso, acompanhava o dia a dia das ocupações, dos movimentos sociais, desempenhava um importante papel de zeladoria, noticiando problemas e cobrando soluções.

– Era um projeto inspirado na pedagogia de Paulo Freire, buscando refletir uma educação emancipatória, do povo para o povo, calcada na realidade de quem realmente segurava o rojão – afirma Regina. – Desempenhou o importante papel de conscientizar e dar esperança.

Os jornalistas Gilberto Nascimento e Douglas Mansur, este dedicado ao fotojornalismo, foram dois dos colaboradores que fizeram o *Grita Povo* nos anos 1980, muitos deles estudantes de jornalismo, liderados por profissionais como Luiz Fernando Santoro, professor de telejornalismo na USP, e Elizabete Dantas, coordenadora executiva do CEMI.

– Hoje se fala muito em coletivos e redes de comunicadores da periferia – diz Mansur. – Essas redes já existiam há quarenta anos e era exatamente o que nós fazíamos.

– O *Grita Povo* era distribuído em todas as paróquias e fixado nas paredes – conta Nascimento. – Os padres faziam reflexões e homilias baseadas no que saía nos jornais. E os movimentos sociais também os utilizavam.

O *Grita Povo* foi reestruturado em 1984, depois de se engajar na campanha pelas Diretas e de ser descontinuado por alguns meses. O formato tabloide foi substituído pelo formato ofício, ainda mais popular, e se buscou privilegiar as colaborações produzidas pela população simples dos bairros. O jornal chegou a ter 3 mil assinantes e tiragem de 8 mil exemplares. Sobreviveu ao fim da ditadura, à volta de um presidente civil ao poder, à promulgação da Constituição Federal e à eleição de uma prefeita mulher, nordestina e periférica. Só não sobreviveu à saída de Dom Angélico.

7

Um semeador na diáspora

A notícia corria de boca em boca, como se anunciasse um acidente grave ou a internação de um ente querido:

– Nosso Dom vai embora. Querem tirar o Dom de nós.

A voz grave, sem tempo para sorrisos, traduzia a consternação daquela gente diante da súbita intervenção. Era assim que lhes pareceu desde o início: uma intervenção. Vinte e cinco anos depois de arrancarem João Goulart do governo, agora queriam arrancar Dom Angélico de São Miguel, da região com a qual ele havia criado laços tão fundos.

– Fui tirar uma radiografia do coração e os médicos ficaram espantados quando viram a chapa: ela trazia a imagem da minha querida e amada Zona Leste – Dom Angélico não se acanhava em repetir.

Que golpe era aquele que chegava, assim, de forma tão repentina, sem que ninguém fosse consultado?

A novidade foi estampada na *Folha*, na edição de 15 de março de 1989. "Papa divide hoje a Igreja de São Paulo", dizia a chamada na primeira página. O anúncio oficial, segundo a nota, seria feito no Vaticano ao meio-dia (8 horas da manhã em São Miguel). Quem acordou cedo naquela quarta-feira, para dar uma geral na casa, bater o cartão ou tomar a condução rumo ao serviço, ficou logo apreensivo com o que poderia acontecer.

Ao longo do dia, as informações foram chegando, e elas confirmavam os piores temores. Por meio de um decreto, o Papa João Paulo II fatiou a Arquidiocese em cinco. Segundo as jornalistas Evanize Sydow e Marilda Ferri, autoras do livro *Dom Paulo: um homem amado e perseguido* (Expressão Popular, 2017), a Arquidiocese foi pilhada: os 5.100 quilômetros quadrados originais foram reduzidos para 630; a população de 14,5 milhões de pessoas despencou para 7,5 milhões; o número de paróquias caiu de 395 para 249. Em paralelo, foram criadas as dioceses de Osasco, Campo Limpo, Santo Amaro e São Miguel, dividindo a Arquidiocese em cinco fatias. Havia algo de estranho naquilo. O Palácio dos Bandeirantes, por exemplo, sede do governo paulista e residência do governador, deixou de fazer parte de São Paulo para se vincular a Campo Limpo.

Causou particular estranheza a justificativa dada pela Cúria Romana para aquela canetada. Segundo o decreto, a decisão atendia a uma reivindicação antiga de Dom Paulo, que já em março de 1978 – onze anos antes – havia proposto a reorganização da Arquidiocese. Mas não era a mesma coisa. Dom Paulo, orientado pelo Papa Paulo VI, havia sugerido distribuir os bispos-auxiliares em regiões, para que cada um cuidasse de cerca de 1 milhão de "ovelhas". Aquele seria o único jeito de garantir que uma autoridade episcopal pudesse estar próxima do "rebanho". Ele, arcebispo de 10 milhões de fiéis, não podia acompanhar mais de perto o cotidiano dessa multidão. A proposta, portanto, era atribuir certa autonomia aos bispos-auxiliares, mas de modo que todas as dioceses seriam interdependentes, interligadas, sob o báculo centralizado do cardeal. As dioceses também deveriam adotar um caixa único e manter todos os párocos hierarquicamente vinculados à Arquidiocese: os padres e os recursos poderiam se movimentar de uma diocese a outra, conforme a necessidade, evitando a hipótese perversa de se perpetuar a desigualdade econômica entre dioceses vizinhas: uma rica e outra pobre.

A proposta havia sido apresentada diretamente ao Papa João Paulo II em pelo menos duas ocasiões nos anos 1980, a primeira delas por ocasião da visita a São Paulo, em audiência no Colégio Santo Américo, logo após o encontro com os trabalhadores no Estádio do Morumbi. O papa demonstrou entusiasmo, mas pouco tempo depois o desenho foi rechaçado pela Cúria Romana, que alegou não haver previsão para algo semelhante no direito canônico – tampouco disposição para inovar.

O decreto de 1989 foi o golpe de misericórdia na proposta original. Da forma como foi editado, ele não apenas tirou poder de Dom Paulo como também o que lhe era mais caro: as periferias. As franjas da cidade, com sua gente vulnerável e uma multidão de trabalhadores e trabalhadoras, foram suprimidas da jurisdição do cardeal. Na língua, um sabor amargo de retaliação.

"A divisão feita pelo Papa João Paulo II na Arquidiocese de São Paulo, pela qual diminui drasticamente o poder e a influência do cardeal Dom Paulo Evaristo Arns, representa um golpe decisivo na ala progressista da Igreja e na sua expressão ideológica, a Teologia da Libertação", publicou o *Jornal da Tarde*. A divisão, segundo a *Folha*, representava "uma séria derrota para a linha pastoral progressista": "A nomeação de bispos menos comprometidos com a Teologia da Libertação implicará, a médio prazo, a adoção de práticas pastorais mais 'espiritualistas' e menos sociopolíticas".

Dom Angélico poderia ter sido designado para permanecer à frente da nova Diocese de São Miguel. Ele já acumulava catorze anos de trabalho naquela região e poderia muito bem continuar ali, agora como bispo. Não teve conversa. Das quatro regiões que foram apartadas da Arquidiocese, três ganharam bispos novos, trazidos de fora. Apenas Dom Francisco Manuel Vieira, de Osasco, foi mantido no cargo. Os outros foram importados de outras dioceses de modo a "arejar" a Igreja paulistana, opção que foi interpretada como evidente tentativa de represar a igreja politizada representada por Dom Paulo e seus auxiliares. Dom Fernando Figueiredo, franciscano com licenciatura em Lyon e doutorado em Roma, veio de Teófilo Otoni (MG) para assumir a Diocese de Santo Amaro (mais tarde amplamente conhecida por abrigar o padre-cantor Marcelo Rossi). Dom Emílio Pignoli, italiano radicado no Brasil, trocou a Diocese de Mogi das Cruzes (SP) pela de Campo Limpo. E Dom Fernando Legal, então bispo de Limeira (SP), substituiu Dom Angélico em São Miguel. Todos mais conservadores do que a turma anterior, segundo as análises feitas na época. A presença amorosa e aguerrida de Dom Angélico junto às ocupações de terra, os mutirões, a luta por creche e postos de saúde no fundão da Zona Leste, tudo isso estava com os dias contados.

Segundo o jornal *O Estado de S. Paulo*, Dom Angélico disse encarar com "serenidade" seu "afastamento". Mas, à revelia dele ou com seu velado consentimento, o rebuliço foi geral. Agentes de pastorais, leigos, padres e religiosas da região de São Miguel redigiram e espalharam no mesmo dia do decreto um documento intitulado "Rompendo o silêncio". O cerne daquele manifesto era expor seu incômodo diante da falta de diálogo com as bases, a ausência de espaço para o debate e o silenciamento de cada paróquia ou fiel. "Profundamente consternados pela flagrante e crescente falta de participação dos leigos, religiosos e presbíteros nas decisões do Vaticano que atingem nossa caminhada pastoral", diz o texto, que foi impresso em folha sulfite e correu de mão em mão, "percebemos hoje que nosso silêncio ganha matizes de conivência e cumplicidade."

O documento trazia uma lista de treze episódios de viés autoritário, da censura da *Missa da Terra Sem Males*, escrita por Dom Pedro Casaldáliga e Pedro Tierra em 1982, à "nomeação de bispos e promoções ao cardinalato somente de prelados de evidente ideologia conservadora". Dois itens diziam respeito aos eventos daquele dia: "divisão arbitrária da Arquidiocese de São Paulo" e "remoção de alguns bispos e nomeação de outros, numa clara tentativa de desarticulação da caminhada pastoral da Arquidiocese de São Paulo". Aquele manifesto muito provavelmente não serviria para nada. Não importa. Dom Angélico havia ensinado a eles a importância de reivindicar, de confrontar tudo o que lhes parecesse injusto, mesmo que fosse inócuo. "A divisão da Arquidiocese de São Paulo é um fato ilustrativo de tudo o que dissemos", dizia o documento. "Povo, religiosos e presbíteros não fomos sequer informados de nenhum passo do processo. Apenas notificados, pela imprensa, de fatos que nos atingem diretamente."

Finalmente, no mais efusivo dos desabafos, o então padre Carlos Strabelli, diretor do jornal *Grita Povo*, escreveu um protesto-homenagem em forma de poema, que foi lido no encerramento da Caminhada da Juventude daquele ano e que, sobreposto a uma fotografia em preto e branco de Dom Angélico, virou panfleto e cartaz, amplamente reproduzido no fundão da Zona Leste naquele 1989 de triste lembrança:

> *Um homem se fez palavra e veio morar no meio de nós, e desde então tudo foi diferente.*
> *As vozes caladas pelo silêncio imposto aprenderam o gosto da liberdade.*
> *A coragem adormecida de todo um povo despertou e fez suas as ruas e praças.*
> *Vestida de cores e magia, a palavra deste homem foi aquecendo a esperança dos tristes, devolvendo músculos e nervos aos pés cansados e às mãos sem força.*
> *Este homem se fez palavra-de-guerra.*
> *Desafiou poderes, sacudiu tronos, fustigou mentiras, desnudou corrupções.*
> *Sem pedir licença, esta palavra-de-guerra invadiu gabinetes, criou manchetes, se fez assunto obrigatório em todas as bocas.*
> *Espalhou-se feito enxurrada pelas ruas e vielas, acendendo os brios de um povo sem rosto.*
> *Iludem-se aqueles que acham que esta palavra pode ser levada pelo vento. É tarde demais. Ela se fez alicerce de muitos, alimento de centenas de comunidades, roteiro para milhares de vidas.*
> *[...]*
> *Enganam-se aqueles que pensam calar esta palavra, mudando-a de lugar. Palavra assim não tem morada fixa: o mundo é sua casa.*

Seguia-se mais uma dezena de versos até culminar numa mensagem de exortação, que convidava Dom Angélico a seguir em frente e levar adiante sua palavra.

Aos 56 anos, trinta de sacerdócio, Dom Angélico viu-se desempregado. E agora? Lembrou-se do dia em que fora dispensado dos trabalhos na Catedral de Ribeirão Preto e acabou se voltando de corpo e alma para a favela da Vila Carvalho. Foi aí que Dom Paulo debruçou-se sobre o novo mapa da Arquidiocese, agora diminuída, imaginando uma forma de absorver o bispo subversivo. Dom Alfredo Novak, então bispo-auxiliar da Lapa, não demorou para colocar parte de seu território à disposição do cardeal: até o Rio Tietê, mantém-se a região da Lapa; do Rio Tietê para lá, cria-se uma região para Dom Angélico.

A solução parecia perfeita. Como fizera em 1975, Dom Paulo escolheu para Dom Angélico a região mais popular e periférica que lhe restava. Assim, em 18 de junho, o bispo-jornalista foi empossado na nova região episcopal, que se estendia pela porção Noroeste da cidade. Dom Angélico correu para lá, disposto a começar tudo de novo. Mas algo havia se quebrado de forma definitiva na Igreja de São Paulo, e a compreensão do recado por trás daquele súbito remanejamento fez refrear o entusiasmo dele e de muitos de seus "irmãos" no catolicismo politizado que praticavam.

Estava em curso a diáspora dos bispos de Dom Paulo, sua retirada compulsória das regiões em que haviam atuado e sua transferência para lugares por vezes distantes, subpovoados ou politicamente desinteressantes, onde, na cabeça daqueles que formavam a cúpula da Igreja Católica, deixariam de exercer influência política para se tornarem meros capelães, incapazes de fazer sua voz reverberar na sociedade. Esse movimento havia sido inaugurado no ano anterior, quando Dom Luciano Mendes de Almeida, bispo-auxiliar do Belém, foi transferido para a Diocese de Mariana, cidade histórica de Minas Gerais com menos de 60 mil habitantes. Repetia-se agora, em 1989, e voltaria a se repetir na década de 1990.

A estratégia era a mesma: disfarçada de promoção, uma vez que os bispos-auxiliares se tornavam bispos efetivos, diocesanos, o remanejamento para locais menos populosos, longe da imprensa e apartados dos espaços de decisão e das grandes reivindicações, evidenciava o interesse de fundo daqueles que compunham a cúpula da Igreja: mandar os bispos progressistas para o chuveiro.

Órfã do bispo que gritava junto com o povo, que cantava com Geraldo Vandré, se sentava no trilho do trem e até xingava governador, São Miguel Paulista entraria numa nova fase, na qual o novo jornal da diocese, *Voz de São Miguel*, não era tão genial e destemido quanto o *Grita Povo*, e a Praça do Forró já não reunia 10 mil ou 15 mil pessoas em assembleia popular. Também Dom Angélico perderia parte da energia e do entusiasmo em sua nova etapa.

– O que houve, no final dos anos 1980, foi um mal-estar entre a Cúria Romana e a Arquidiocese de São Paulo – diz Dom Angélico. – Eles acharam que as regiões episcopais haviam adquirido muita independência, como se fossem dioceses próprias, e desmembraram.

Ao chegar à nova região episcopal, uma das seis que sobraram na Arquidiocese – juntamente com as regiões Belém, Ipiranga, Lapa, Santana e Sé –, a primeira tarefa de Dom Angélico foi escolher o nome da região. Como era de seu feitio, o bispo optou por dividir essa tarefa com o povo. Coube à população escolher entre quatro nomes em disputa: Brasilândia, Freguesia do Ó, Santa Cruz e Nossa Senhora da Esperança. Os votos foram depositados numa urna durante uma recepção festiva realizada para acolher o novo bispo. Deu Brasilândia na cabeça, com 814 votos, seguida de Freguesia do Ó, com 534.

Quando finalmente assumiu a região episcopal da Vila Brasilândia, Dom Angélico foi morar no Seminário Maior de Filosofia Santo Cura d'Ars, um lugar calmo e arborizado no alto de uma colina na Freguesia do Ó. Dali, seguia para as diversas paróquias e comunidades, celebrando ora aqui e ora ali, sem a mesma centralidade que a matriz de São Miguel havia representado nos anos anteriores. Foram dez anos de evangelização e pastoreio na Brasilândia. Novamente cercado por padres, religiosos, irmãs e leigos comprometidos com a justiça social e os direitos humanos, Dom Angélico buscou, de certa forma, emular ali a bem-sucedida trajetória que tivera na Zona Leste. Fundou novamente um jornal popular local, o *Voz da Esperança*, e instalou uma Cúria Regional, até então inexistente, na Paróquia Santa Cruz de Itaberaba. Os grandes momentos de união popular e congraçamento eram as Festas da Unidade, evento anual que reunia integrantes das comunidades eclesiais de base da região.

Logo nos primeiros meses na Vila Brasilândia, um primeiro episódio marcaria sua trajetória de luta pela democracia, semelhante, em simbologia e significado, a marcos temporais anteriores como a missa de Vladimir Herzog e a procissão de Santo Dias. Na manhã de 4 de setembro de 1990, foi revelada a existência de uma vala clandestina no Cemitério Municipal Dom Bosco, no distrito de Perus, onde a ditadura havia ocultado mais de mil ossadas humanas. Eram os corpos de indigentes, pessoas não identificadas ou não reclamadas por suas famílias, mas também restos mortais de vítimas da Rota, a tropa de elite da Polícia Militar de São Paulo, de grupos de extermínio que atuavam nas periferias, como os Esquadrões da Morte, e de opositores da ditadura que haviam sido fuzilados ou torturados até a morte em centros da repressão como o DOI-Codi, local dos assassinatos de Herzog e Manoel Fiel Filho.

Ao longo dos meses de setembro e outubro, com apoio da Prefeitura e da Comissão de Familiares de Mortos e Desaparecidos Políticos, foram retiradas da vala de Perus nada menos que 1.049 sacos plásticos repletos de ossos. No dia 2 de novembro, Dom Angélico e Dom Paulo foram celebrar a tradicional missa do Dia de Finados ali mesmo, no cemitério Dom Bosco. Cercado por uma significativa audiência de algumas centenas de pessoas, todos em pé debaixo do sol, os dois intrépidos sacerdotes acolheram os familiares das vítimas da repressão e da violência de Estado e dividiram a homilia ao pé da vala, tal qual uma cicatriz aberta no campo-santo – e na história do Brasil. "Não matarás", dizia uma faixa, empunhada por um dos presentes.

No ano seguinte, em agosto de 1991, o menino de Saltinho radicado em São Paulo, irmanado nas aflições e nas provações do povo periférico, recebeu da Câmara Municipal o Título de Cidadão Paulistano. Entre 1992 e 1994, na esteira das grandes manifestações dos "caras-pintadas" que culminaram no impeachment do primeiro presidente eleito pelo voto direto desde a redemocratização, muito se falou sobre ética na política, e as paróquias da Vila Brasilândia se engajaram firmemente numa campanha inédita contra a fome, a miséria e pela vida, liderada pelo sociólogo Herbert de Souza, o Betinho. A imprensa paulista reproduzia em suas páginas o drama dos moradores do Semiárido obrigados a cozinhar palma e caçar calango para driblar a insegurança alimentar.

Em meados dos anos 1990, era evidente que muita coisa havia mudado para melhor no Brasil desde a chegada de Dom Angélico à Zona Leste. Agora, havia eleições diretas, um intelectual progressista ocupava o terceiro andar do Palácio do Planalto, um metalúrgico que escapara da fome para se tornar a maior liderança sindical da América Latina se preparava para sucedê-lo, os centros de tortura vinculados às Forças Armadas tinham sido desmontados, a inflação estava sob controle, um sistema único de saúde saía finalmente do papel e o Governo Federal elaborava pela primeira vez um Plano Nacional de Direitos Humanos. Os grandes desafios para a consolidação da sonhada democracia agora eram outros, e estavam dispersos. Desemprego em alta, a automação nas fábricas roubando os postos de trabalho de muitos operários, dívida externa e interna galopantes, violência descontrolada, estatísticas inéditas de letalidade policial, ocupações de terra que culminavam em chacinas e prisões. Dom Angélico seguia firme, mas sem a mesma intensidade de antes, nem o mesmo brilho. A intervenção pontifícia havia sido muito bem-sucedida. O grupo mais próximo de Dom Paulo acusara o golpe. Muitos murchavam.

Em setembro de 1996, Dom Paulo Evaristo Arns enviou ao Vaticano seu pedido de renúncia. Não havia o que fazer: a contagem do tempo era implacável, e o limite de 75 anos imposto pelo direito canônico, irreversível. A aposentadoria do cardeal se consumou dois anos depois.

– Fomos consultados pela nunciatura para sugerir, por escrito, quem nós achávamos que deveria ser o novo arcebispo de São Paulo – conta padre Júlio Lancellotti, que integrava o Conselho de Presbíteros, uma espécie de colégio consultivo da Arquidiocese. – Eu e outros colegas indicamos Dom Angélico. Nós sabíamos que ele não tinha chance, mas propusemos seu nome com convicção.

Em abril de 1998, Dom Cláudio Hummes, então arcebispo de Fortaleza, chegou do Ceará para preencher o imenso vazio deixado por Dom Paulo. Mais dois anos e a Igreja de São Paulo seria completamente descaracterizada. No ano 2000, decretos sucessivos do Papa João Paulo II trataram de consolidar o que muitos já previam: foi consumada a operação esquartejamento. Simultaneamente, os últimos bispos-auxiliares do cardeal Arns foram mandados para longe, dois deles para dioceses que ainda nem existiam. Ao longo do ano 2000, Dom Fernando Penteado foi ordenado bispo de Jacarezinho (PR), Dom Gaspar assumiu a Diocese de Barretos (SP), Dom Celso de Queiroz foi ordenado primeiro bispo da recém-criada Diocese de Catanduva (SP) e Dom Angélico, primeiro bispo de Blumenau (SC).

– Repare que nenhum padre do grupo mais próximo de Dom Paulo teve o devido reconhecimento pela Igreja – diz o teólogo Fernando Altemeyer Junior, da PUC. – Nenhum deles foi ordenado bispo, muito menos os padres com maior capacidade de mobilização, como padre Ticão, de Ermelino Matarazzo, ou padre Júlio Lancellotti. Roma sempre preferiu importar bispos de fora, para não demonstrar qualquer tipo de reconhecimento ou valorização do grupo de Dom Paulo.

Mais uma vez, coube a Dom Angélico acatar a vontade do papa – que ele insistia em chamar de "desígnios de Deus". Após 25 anos de serviço nas periferias de São Paulo, Dom Angélico tomou posse como bispo de Blumenau, às 16 horas do dia 24 de julho de 2000. Cerca de 5 mil fiéis aglomeraram-se na Catedral São Paulo Apóstolo para recepcioná-lo. Dom Paulo, agora arcebispo emérito, fez a homilia e deu as boas-vindas ao amigo. Nascido em 1921 em Santa Catarina, no pequeno município de Forquilhinha, era justo que o cardeal da esperança assim o fizesse.

Dom Angélico agradeceu, reiterando seu compromisso com os pobres, as pastorais, os movimentos. "Queremos colaborar para que haja sociedade justa e fraterna", afirmou. "A desigualdade social é escandalosa. Perversa é a concentração de renda nas mãos de poucos. A Diocese de Blumenau e seu bispo se comprometem, neste dia solene, com o evangélico serviço à causa da justiça. Nossa Igreja quer ir ao encontro libertador dos excluídos, marginalizados, sofridos. Eles têm rosto bem definido. São os sem-trabalho, sem-moradia, sem-comida, sem-terra, sem-saúde, sem-escola, sem-amor. Os que sofrem devem ser os primeiros a nos ocupar."

Numa agradável cidade de colonização alemã, povoada primeiramente por evangélicos luteranos, a partir de 1850, Dom Angélico viveu seus dias de desterro, sua canção do exílio – um exílio interno, missionário, mas ainda exílio. Na "bela e Santa Catarina", como gostava de dizer, ele não se apequenou. Aos 67 anos, optou por morar mais uma vez no subúrbio. Fundou o jornal *Voz da Diocese*, repetindo o ímpeto formador e comunicador que marcara sua atuação em São Miguel e na Vila Brasilândia, e construiu o seminário de Blumenau.

– Esperava-se que Blumenau transformasse Dom Angélico, tornando-o mais quieto, menos ativo – avalia padre Toninho, que se mudou com o bispo para a nova diocese ainda em 2000 e permaneceu ali até sua aposentadoria, em 2009. – Mas o que se viu foi Dom Angélico transformar Blumenau.

O grão de mostarda é pequeno, mas basta semeá-lo para que germine e se transforme numa árvore frondosa. Assim é o Reino de Deus segundo a parábola bíblica. No interior de Santa Catarina, Dom Angélico foi grão de mostarda. Missionário e evangelizador, ele foi logo eleito presidente da Regional Sul 4 da CNBB, que congrega todas as dioceses daquele estado. Em seguida, foi escolhido para integrar, por oito anos, a direção nacional da CNBB, com a função de cuidar dos padres e dos seminários em todo o país. Baseado em Blumenau, Dom Angélico continuou viajando, dando entrevistas, semeando a terra com sua palavra e seu exemplo.

No final de 2008, meses depois de enviar ao Vaticano seu pedido de renúncia, o Vale do Itajaí foi atingido por enchentes terríveis, uma tragédia ambiental de repercussão internacional que se arrastou por quase um mês, matou mais de cem pessoas e obrigou mais de 9 mil a deixarem suas casas, condenadas pela Defesa Civil. Dom Angélico esteve mais uma vez na linha de frente, combatendo o bom combate. Ordenou que se abrissem as igrejas para abrigar os flagelados daquela terrível catástrofe.

Quando o pedido de renúncia foi finalmente atendido pelo Papa Bento XVI, que enviou Dom José Negri para substituí-lo, o menino de Saltinho sorria. Não era o fim da linha que se anunciava, mas o começo do mundo. De volta a São Paulo em 2009, o Dom de São Miguel e da Vila Brasilândia, o Dom da palavra e da ação, o Dom que gritava ao lado do povo, o Dom que construía telhados e se sentava no trilho do trem, o Dom que colava na prova e era um gato no gol, esse Dom sabia que havia muito ainda por fazer. E pôs-se a peregrinar, entre retiros e assembleias, programas de rádio e celebrações ecumênicas, artigos de jornal e homilias, "nos caminhos do homem em busca de Deus".

Instalado com Irmã Carmem Julieta no sobrado barulhento do Jardim Primavera, Dom Angélico encontrou a Arquidiocese de São Paulo modificada. O arcebispo já não era seu amigo Dom Cláudio Hummes, frade franciscano que substituíra Dom Paulo em 1998 e que Dom Angélico conhecia bem desde os anos 1970, quando era bispo-auxiliar na Zona Leste e Dom Cláudio, bispo de Santo André (SP). Desde 2007, quem mandava na Cúria Metropolitana era Dom Odilo Scherer, ex-secretário-geral da CNBB, ligado a uma ala mais conservadora da Igreja, nomeado arcebispo pelo também conservador Papa Bento XVI. Dom Angélico foi privado do convívio cotidiano com Dom Paulo. Agora, aproximando-se dos 90 anos, o arcebispo emérito, seu superior por mais de duas décadas na Arquidiocese, morava numa chácara em Taboão da Serra, na região metropolitana, e preferia ficar recluso, em silêncio. "Para não atrapalhar", justificava.

Dom Angélico, ao contrário, se esquivava do silêncio como uma espécie de Garrincha driblando dois, três, quatro "Joões". Logo de cara, voltou para o jornal *O São Paulo*, agora como colunista. Em cada edição, um puxão de orelha. "As elites estão anestesiadas diante do sofrimento do povo", escreveu, em 2012. "As estatísticas gritam que, de abril de 2011 até início de março de 2012, 165 moradores e moradoras de rua foram assassinados em cidades do país!", alertou, em outra coluna, publicada no mesmo ano. "É um absurdo que deve sacudir a consciência cívica, cristã de todo Brasil. Um morador de rua é trucidado a cada dois dias! São queimados, esfaqueados, mortos por balas assassinas!" Em 2013, saudou a entronização do Papa Francisco – seu colega Dom Jorge Bergoglio, arcebispo de Buenos Aires – como algo bastante alvissareiro para a "Igreja do povo", principalmente após os mandatos de João Paulo II e Bento XVI.

Um único episódio suscitou polêmica e trouxe o bispo emérito de Blumenau de volta ao noticiário desde seu retorno a São Paulo. Em 7 de abril de 2018, dois dias após o juiz Sérgio Moro decretar a prisão do ex-presidente Lula, condenado em segunda instância pelos crimes de corrupção e lavagem de dinheiro no âmbito da Operação Lava Jato, Dom Angélico foi à sede do Sindicato dos Metalúrgicos do ABC, em São Bernardo do Campo, onde Lula estava acampado, para presidir uma celebração inter-religiosa em memória da ex-primeira-dama Marisa Letícia. Dona Marisa completaria 68 anos naquele dia se não tivesse morrido no ano anterior, vítima de um AVC hemorrágico. Improvisada num palanque na área externa do sindicato, a cerimônia conduzida por Dom Angélico antecedeu um pronunciamento de quase uma hora do ex-presidente, que fez ali um inspirado discurso de despedida, já decidido a acatar a ordem de prisão.

Dom Angélico falou como se estivesse diante de uma assembleia do movimento de moradia de São Miguel, discursando para milhares na Praça do Forró. Lula se apresentou na Superintendência da Polícia Federal em seguida. Dom Angélico foi bastante criticado por ter se disposto a participar daquele evento, ao lado de um político condenado pela Justiça. Dom Odilo foi um dos que se manifestaram na ocasião. "O arcebispo de São Paulo lamenta a instrumentalização política do ato religioso", dizia a nota divulgada pela Arquidiocese.

Dom Angélico sentiu o baque. Recompôs-se nos dias que se seguiram, conforme chegavam telefonemas, cartas e mensagens de apoio. Um mês depois, já estava pronto para seguir, entusiasmado, rumo à próxima conferência, ao próximo retiro. É sempre hora de evangelizar.

– Ai de mim se não pregar o Evangelho! – repete com São Paulo Apóstolo, citando a primeira carta aos Coríntios. – Quem não reza vira bicho, meu irmão.

8

Páscoa

Em novembro de 2024, aos 91 anos, Dom Angélico foi internado no Hospital Santa Catarina, na Avenida Paulista, com uma infecção no sistema urinário. Exames diagnosticaram uma coleção pélvica, caracterizada pelo acúmulo de secreções, que comprimia o reto e a bexiga e causava dores em toda a região do quadril. Uma cirurgia para a retirada daquela coleção foi feita no dia 15 de novembro. Tratado com antibióticos, o paciente seria submetido a uma nova punção para drenagem das secreções no dia 4 de dezembro, seguida de uma punção bilateral nos pulmões no dia 13, e novamente a drenagem na região pélvica no dia 21.

No dia 24, consciente e com perspectiva de alta, Dom Angélico gravou uma breve mensagem de áudio para ser distribuída aos amigos mais próximos e a quem o procurasse por ocasião da data festiva:

– Um santo e feliz Natal!

A volta para casa precisou ser adiada para os primeiros dias de 2025. No dia 10 de janeiro, respondeu a minhas tentativas de visitá-lo com outros dois áudios, desta vez mais longos, somando quase dois minutos. Na essência, Dom Angélico dizia estar progredindo positivamente e pedia que eu aguardasse mais alguns dias para visitá-lo. Ele tinha planos de receber a família no dia 19, quando completaria 92 anos, e reclamava que era compromisso demais para aqueles dias.

– Peço a você que espere passar o meu aniversário para dar uma chegada até aqui. Você sabe que, nesta semana, os compromissos são volumosos.

Dias depois, um episódio de sangramento retal o obrigou a retornar ao Hospital Santa Catarina, onde foi submetido, no dia 17, a uma nova drenagem da coleção pélvica e à remoção cirúrgica de uma fístula retal. Ainda internado, precisou passar o aniversário no quarto. Os compromissos volumosos teriam de aguardar.

O quarto do hospital também seria o cenário de outra efeméride, já no dia 25, data em que a igreja progressista renderia homenagens a Dom Angélico pelos cinquenta anos de ordenação episcopal. Fazia meio século que aquele garoto de Saltinho era ordenado bispo pelas mãos de Dom Paulo Evaristo Arns, num longínquo aniversário de São Paulo, em janeiro de 1975.

Desta vez, a missa teria de ser improvisada ali mesmo, no quarto, em *petit comité*. Quem veio de Higienópolis para celebrá-la foi Dom Odilo Scherer, arcebispo de São Paulo, o mesmo cardeal conservador que, sete anos antes, havia desautorizado Dom Angélico após a celebração inter-religiosa em frente ao Sindicato dos Metalúrgicos.

– Dom Angélico estava sereno, tranquilo e agradecido a Deus –, contou Dom Odilo, semanas após o jubileu de ouro episcopal. – Ele só dizia "muito obrigado, muito obrigado, muito obrigado...".

A rotina de altas e internações se estenderia ainda pelo mês de fevereiro. Dom Angélico teve alta em definitivo em 5 de março, uma Quarta-Feira de Cinzas, trocando o hospital por um esquema de *home care* e pelos serviços de duas cuidadoras. Agora, ele seria cuidado na casa paroquial, um sobrado adaptado que dividia com padre Armênio e padre Toninho, seus colegas de sacerdócio na Vila Zat, região da Vila Brasilândia.

Dali a um mês, o bispo-jornalista já não podia levar talheres à boca nem era capaz de dialogar quando recebeu pela última vez a visita do presidente Lula, em 5 de abril, um sábado. Dessa vez, Lula foi acompanhado da socióloga paranaense Rosângela Silva, a Janja, sua terceira esposa. Três anos antes, em 18 de maio de 2022, Dom Angélico havia celebrado o casamento deles num bufê no Brooklin, Zona Sul de São Paulo.

Ao longo de quase meio século, desde as grandes greves no ABC, Lula e o bispo haviam construído uma amizade sólida, das que atravessam vitórias e momentos difíceis, numa linha do tempo salpicada de encontros: casamentos dos filhos, batizados dos netos e da bisneta, as exéquias de Dona Marisa, a celebração da palavra no dia da prisão e, mais recentemente, o matrimônio com Janja. Avisado da situação delicada em que o amigo se encontrava, o presidente quebrou a tradição de não visitar ninguém durante o exercício do cargo para poder abraçar Dom Angélico uma última vez.

Quis o destino que eu o visitasse nesse mesmo dia, horas antes da visita presidencial. Fazia quase dois anos que eu não o encontrava. Levei um exemplar do meu livro mais recente para lhe presentear e um pacote de café da reforma agrária, para que tomássemos juntos.

– Venha tomar café comigo, mas você traz o pó! –, ele costumava dizer. Jamais desobedeci.

Ao entrar na casa paroquial, percebi que nada daquilo teria serventia naquela manhã, nem o livro nem o café. Encontrei Dom Angélico numa cadeira de rodas, cochilando a todo momento, impossibilitado de conversar – logo ele, sempre tão eloquente, reconhecido pelo carisma da palavra e pelo vozeirão de locutor. Agora, balbuciava uma coisa ou outra, esforçava-se para engolir um comprimido e bebericar um suplemento alaranjado que uma jovem cuidadora lhe servia na boca. Não me reconheceu.

A notícia de sua morte, aos 92 anos, chegou dez dias depois, em 15 de abril, uma terça-feira. "Recebi com profunda tristeza a notícia do falecimento do querido Dom Angélico, que dedicou sua vida à solidariedade e ao amor ao próximo, como nos ensinou Jesus Cristo", escreveu o presidente Lula, em nota distribuída à imprensa e publicada nas redes sociais. "Guardo as lembranças do grande amigo que fez da ternura e da bondade os princípios que guiaram sua vida. 'Amai-vos, e não armai-vos', era sua lição para todos nós."

Dom Angélico foi velado ao longo de todo o dia 16, na Paróquia Nossa Senhora Aparecida, na Vila Zat. No meio da tarde, Dom Odilo chegou para presidir a missa de corpo presente. O enterro aconteceu no dia seguinte, 17 de abril, em Blumenau. Era uma quinta-feira, véspera da Sexta-Feira da Paixão. Dom Angélico fazia a sua Páscoa.

Posfácio

A primeira lembrança que tenho de Dom Angélico não é exatamente uma lembrança, mas uma história, um verbete na minha própria biografia. Foi ele, Dom Angélico, quem celebrou o casamento dos meus pais, em 1976, numa capela no Parque Cruzeiro do Sul, na Zona Leste de São Paulo.

Preso político por cinco anos, entre 1971 e 1976, meu pai retomava a vida em liberdade como um dos articuladores do Centro de Educação Popular do Instituto Sedes Sapientiae, o Cepis, conduzindo trabalhos de formação em salões e paróquias da Leste 2, a região episcopal liderada por Dom Angélico. Vibrou ao reencontrar o padre progressista que tinha conhecido ainda menino, em São Joaquim da Barra, quando Angélico era padre na vizinha Ribeirão Preto. Desde então, o bispo – que ainda não era bispo –, mantinha uma relação cordial com meu avô, ex-seminarista e professor de português e latim, e havia trocado cartas com meu pai – que ainda não era meu pai – durante a temporada na cadeia.

Minha mãe, igualmente engajada nas ações do Cepis e no início de uma carreira como arquiteta e urbanista, conheceu meu pai nas visitas que fazia ao presídio para ver seu irmão mais velho, também preso político. O namoro vingou no presídio Romão Gomes, no Barro

Branco. Quando os dois se casaram, Dom Angélico teceu uma homilia bonita, que falava de algemas e alianças. Reinaldo, meu tio, ainda cumprindo pena em 1976, compareceu escoltado. Um agente do Dops tirou fotos e fez anotações. O casório rendeu a Dom Angélico uma ficha na qual foi chamado de comunista e de colaborador da ALN. Página infeliz da nossa história.

Conheci Dom Angélico quase quarenta anos depois daquele casamento, no final de 2014, quando assumi a coordenação de comunicação do mandato do então deputado federal Paulo Teixeira, hoje ministro do Desenvolvimento Agrário e da Reforma Agrária. Era o início de uma escalada autoritária e antidemocrática, que traria em seu bojo a Lava Jato, o impeachment da Dilma, a prisão do Lula e a eleição de um ex-capitão do Exército forjado no que há de pior na espécie humana: a apologia à tortura, a homofobia, a prática reiterada do assédio, da misoginia, da intimidação e da defesa dos próprios interesses. Com fome e sede de justiça, organizamos a Jornada pela Democracia. Primeira edição, segunda edição, terceira edição... Entre 2015 e 2018, foram pelo menos cinco. Dom Angélico participou de uma delas, talvez de duas. Paulo Teixeira nos apresentou e insistiu para que ele fosse convidado. Falava de Dom Angélico como quem se refere a um mestre, uma inspiração, um guru.

Biógrafo da ex-primeira-dama Marisa Letícia, sobre quem publiquei um livro em 2020, voltei a encontrar Dom Angélico em outras ocasiões. Em 2 de fevereiro de 2017, eu estava no Hospital Sírio-Libanês quando ele chegou para administrar a unção dos enfermos em Dona Marisa. Antes de se recolher à privacidade do quarto em que a ex-primeira-dama encerrava sua trajetória, ainda numa área mais ampla que fazia as vezes de antessala, Dom Angélico sugeriu que nos déssemos as mãos para uma oração. Éramos quase trinta pessoas ali, entre familiares, amigos, políticos e parlamentares. No dia 4, era ele novamente a conduzir o velório de Dona Marisa no Sindicato dos Metalúrgicos.

Meses depois, em janeiro de 2018, recebi um convite surreal: meu pai me chamava para comprar dois frangos grelhados com polenta frita (para viagem) e acompanhá-lo até a casa do bispo. Dom Angélico faria 85 anos naquela semana, meu pai me dizia, e íamos almoçar juntos – não apenas nós três, mas também o ex-presidente Lula e o fotógrafo Ricardo Stuckert, que chegariam de surpresa. Por volta das 14 horas, éramos cinco ao redor de uma mesa para quatro. Emudeci naquele almoço. Lula, por sua vez, aproveitou a ocasião para fazer três pedidos ao amigo: que ele fosse ao sindicato dali a quinze dias celebrar uma missa em memória de Dona Marisa, por ocasião do primeiro aniversário de sua morte; que ele se dispusesse a receber as roupas da esposa e dar a elas o melhor destino; e, por fim, que ele combinasse com a filha Lurian e a neta Beatriz o batizado de sua primeira bisneta, Analua. A celebração que antecederia a apresentação de Lula à Polícia Federal ainda não estava no radar de ninguém.

Este livro começou a nascer nesses encontros. Três anos depois, voltaríamos a nos encontrar, Dom Angélico e eu, naquela mesma casa, ao redor da mesma mesa, agora como entrevistador e entrevistado, autor e perfilado, biógrafo e biografado.

Para escrever estas páginas, visitei Dom Angélico seis vezes ao longo de 2021 e conversamos longamente por telefone. Ainda eram tempos de pandemia: 700 mil mortos em razão da covid-19, colapso do sistema de saúde em diversas cidades, uma vacina que tinha custado a chegar – e logo entenderíamos por quê. Começávamos, depois da segunda dose e mais de um ano de reclusão, a substituir o isolamento social por um protocolo rigoroso de autocuidado, que incluía o uso permanente de máscaras e uma distância segura de pelo menos um metro e meio a cada interação.

Naquele mesmo período, entre março e outubro de 2021, entrevistei outros quinze interlocutores indispensáveis para a elaboração deste livro: Irmã Carmem Julieta Rodrigues, padre Toninho (Antonio Leite Barbosa Júnior), padre Paulo Bezerra, padre Júlio Lancellotti, Frei Betto, Waldir Aparecido Augusti, Fernando Altemeyer Junior, Paulo Pedrini, Paulo Teixeira, Paulo Vannuchi, Sonia Maria Bernardino, Luciana Dias da Silva, Douglas Mansur, Gilberto Nascimento e Regina Tavares de Menezes. É provável que esteja esquecendo alguns.

Em novembro de 2021, uma versão preliminar deste livro foi publicada na forma de reportagem multimídia no portal *Memórias da Ditadura*, mantido pelo Instituto Vladimir Herzog, com o título *Dom Angélico: o bispo que gritava junto com o povo*. O projeto foi viabilizado graças a uma emenda parlamentar do então deputado federal Paulo Teixeira (PT-SP) executada por meio de um convênio entre o referido Instituto e a Secretaria Nacional do Audiovisual (SAv), ligada ao governo federal. O documentário *Dom Angélico e o grito do povo*, dirigido pelo cineasta Rodrigo Siqueira, também é parte do mesmo projeto.

Passados quatro anos, uma eleição presidencial, uma bem-aventurada mudança dos ventos no Palácio do

Planalto, uma nova tentativa de golpe, um novo conclave, três dezenas de indiciamentos e a inédita condenação de um ex-chefe de Estado e seus asseclas por atentar contra o Estado Democrático de Direito, é alvissareiro que o Instituto Vladimir Herzog e a Autêntica nos tragam o legado de Dom Angélico nesta valorosa edição.

Que a trajetória e a militância de Dom Angélico Sândalo Bernardino possam continuar inspirando muitas e muitos.

Um abraço de quebrar os ossos.

Camilo Vannuchi
Primavera de 2025

Bibliografia consultada

Altemeyer Jr., Fernando. *O mistério do tempo: a fé como memória, vivência e horizonte*. Petrópolis: Vozes, 2021.

Arns, Paulo Evaristo. *Da esperança à utopia: testemunho de uma vida*. Rio de Janeiro: Sextante, 2001.

Augusti, Waldir Aparecido (Coord.). *Dom Angélico Sândalo Bernardino: bispo profeta dos pobres e da justiça*. São Paulo: ACDEM, 2012.

Bernardino, Angélico Sândalo. *Concílio da primavera na Igreja*. São Paulo: Paulus, 2012.

Bohn, Antônio Francisco. *Diocese de Blumenau, diocese do amor*. Blumenau: Três de Maio, 2001.

Carvalho, Ricardo. *O cardeal da resistência: as muitas vidas de Dom Paulo Evaristo Arns*. São Paulo: Instituto Vladimir Herzog, 2013.

Dias, Luciana; Azevedo, Jô; Benedicto, Nair. *Santo Dias: quando o passado se transforma em história*. 2. ed. São Paulo: Fundação Perseu Abramo; Expressão Popular, 2019.

Gomes, Pedro Gilberto. *Jornalismo nas comunidades eclesiais de base: estudo de caso do jornal* Grita Povo *da Região Episcopal de São Miguel Paulista*. Dissertação de mestrado (mimeog.). São Paulo: USP, 1987.

Iffly, Catherine. *Transformar a metrópole: Igreja católica, territórios e mobilizações sociais em São Paulo 1970-2000*. São Paulo: Editora Unesp, 2010.

Sydow, Evanize; Ferri, Marilda. *Dom Paulo: um homem amado e perseguido*. São Paulo: Expressão Popular, 2017.

Valim, Ana. *A comunicação popular na construção e preservação da memória das lutas populares no Brasil: décadas de 1970 e 1980*. São Paulo: Núcleo Piratininga de Comunicação, 2020.

Filmes

Dom Angélico e o grito do povo. Direção: Rodrigo Siqueira. Brasil. Cor. 47 min. 2021. Disponível em: https://tinyurl.com/ymhcz5ct . Acesso em: 17 ago. 2025.

Há lugar: ocupações na Zona Leste. Direção: Julio Wainer e Juraci de Souza. Brasil. Cor. 20 min. 1987. Disponível em: https://tinyurl.com/2kpyrpne. Acesso em: 17 ago. 2025.

FSC
MISTO
Papel
FSC® C092828

2023
CARBON
NEUTRAL
SAVE

Este livro foi composto com tipografia Adobe Garamond Pro e impresso em papel Off-White 80 g/m² na Formato Artes Gráficas.